全国新闻出版系统职业技术学校统编教材

印刷工价计算

全国新闻出版系统职业技术学校统编教材审定委员会　组织编写

主　编　王国庆
参　编　陈世军
主　审　吴　鹏

内容提要

本书是全国新闻出版系统职业技术学校统编教材中的一本。

本书详细地介绍了印刷业务员应掌握的基本技能和技巧以及各类印刷品的计价方法，并以案例教学的形式安排。本书内容共七章，介绍了印刷业务员基本要求、印刷工价基础知识、印前计价、印刷计价、印后计价、印刷估价、业务分歧与处理。本书内容围绕印刷工价计算展开介绍，书中引用了大量有关工价计算的方法和印刷业务员应该掌握的各种报价，同时介绍了一些印刷业务方面的纠纷与处理等，对于职业院校学生学习和掌握并在毕业后应用到实际工作中有一定的帮助。

本书适合作为印刷、包装学生的专业教材，也可作为印刷、包装企业工作者的参考书，还可用作印刷工种的职业技能培训和鉴定参考教材及在职技术人员的培训教材。

图书在版编目（CIP）数据

印刷工价计算／王国庆主编．—北京：文化发展出版社，2018.8（2022.2 重印）
全国新闻出版系统职业技术学校统编教材
ISBN 978-7-80000-862-7

Ⅰ.印… Ⅱ.王… Ⅲ.印刷工业-工业产品-价格-专业学校-教材 Ⅳ.F768.9

中国版本图书馆 CIP 数据核字（2009）第 104598 号

印刷工价计算

主　　编：王国庆
参　　编：陈世军
主　　审：吴　鹏

责任编辑：李　毅　　　　　　责任校对：郭　平
责任印制：邓辉明　　　　　　责任设计：侯　铮
出版发行：文化发展出版社（北京市翠微路 2 号 邮编：100036）
网　　址：www.wenhuafazhan.com
经　　销：各地新华书店
印　　刷：北京建宏印刷有限公司
开　　本：787mm×1092mm　1/16
字　　数：157 千字
印　　张：7.375
印　　次：2022 年 2 月第 1 版第 9 次印刷
定　　价：39.00 元
ＩＳＢＮ：978-7-80000-862-7

◆ 如发现印装质量问题请与我社发行部联系　　发行部电话：010-88275710

全国新闻出版系统职业技术学校统编教材审定委员会

委 员 名 单

主　任：孙文科

副主任：李宏葵　严　格　吴　鹏　刘积英

委　员：王国庆　杨速章　刘宁俊　庞东升

　　　　尚曙升　杨保育　李　予

全国新闻出版系统职业技术学校统编教材

拼晒版与打样实训教程	陈世军 主编
印刷实训指导手册	周玉松 主编
印前工艺	郝景江 主编
印后加工	徐建军 主编
柔性版印刷工艺	严 格 主编
印刷机械基础	王 芳 主编
印刷机械电气控制	王 乔 主编
印刷概论	李 予 主编
印刷材料	唐裕标 主编
平版印刷工艺	谭旭红 主编
印刷品质量检测与控制	陈世军 主编
印刷机结构与调节	袁顺发 主编
电脑排版工艺（上、下册）	刘春青 主编
包装概论	岳 蕾 主编
包装印刷工艺	段 纯 主编
印刷色彩	白研华 主编
印刷工价计算	王国庆 主编
印刷企业管理	郝景江 主编
数字印刷	严 格 主编
书籍装帧实用教程	庄前矛 主编
印刷市场营销	徐建军 主编
现代校对实务与技能	谈大勇 主编
出版物营销实务	翟 星 主编
印后书刊装订工艺	沈国荣 主编

出版说明

新闻出版总署发布的印刷业"十一五"发展指导实施意见提出,要在 2010 年把我国建设成为全球主要的印刷基地之一,"十一五"末期我国印刷业总产值达到 4400 亿元。迅猛发展的产业形势对印刷人才的培养和教育工作提出了更高的要求。新闻出版系统中等职业技术学校作为专业人才培养的重要阵地必须因循产业发展的需求做出相应的变革和创新。其中,教材作为必不可少的教学工具,也必须紧跟产业形势,体现产业技术和管理发展的最新成果。

总署一直十分重视和支持系统内中等职业技术学校教材建设工作,于 1995 年专门成立了印刷类专业教材编审委员会,组织有关学校的教师和行业专家规划、编写了电脑排版、平版制版和平版印刷三个专业的 9 本专业课统编教材。这批教材突出技工学校印刷类专业教育、教学的特点,陆续出版之后一举扭转了相关专业教材陈旧落后的局面,对近十几年技能型印刷专业人才的培养做出了很大贡献。但近年来,随着印刷专业技术的飞速发展和职业教育改革的不断深化,无论在体系、内容还是形式上都显露出一些问题,有的还比较突出,亟需根据新的形势进行必要的调整和革新。

2006 年,汇集了国内相关院校教学骨干的全国新闻出版系统职业技术学校教材审定委员会经新闻出版总署批准成立。委员会的首要任务就是根据新的产业形势,做好系统内院校印刷及相关专业统编教材的更新换代工作。委员会成立后,先后三次召开专题工作会议,明确了新版教材的编写指导思想,首批 7 本统编教材《拼晒版与打样实训教程》《印刷实训指导手册》《印前工艺》《印后加工》《柔性版印刷工艺》《印刷机械基础》《印刷机械电气控制》已全部出版。

首批 7 本教材出版后,得到各中职院校的广泛采用及热烈评价,各学校普遍反映新教材的编写适应了当前对中职院校注重实践操作与理论教学相结合的教学目的,体现了"项目驱动""案例教学"。首批教材的出版标志着新版统编教材的编写工作迈出了实质性的第一步。

根据委员会的规划,2007 年又连续多次召开了第二批教材编写会议,确定提纲,落实主编及各中职院校参编作者。第二批统编教材一共 8 本,分别是《印刷概论》《印刷材料》《平版印刷工艺》《印刷品质量检测与控制》《印刷机结构与调节》《电脑排版工艺》(上、下册)《包装概论》《包装印刷工艺》。第二批教材继续保持第一批教材的鲜明特点及编写方式，具有鲜明的实践性、前瞻性特征，能更好地满足有关院校的教学需要。比如，《印刷品质量检测与控制》首次被纳入新闻出版系统职业技术学校统编教材出版体系，该书有针对性地介绍了通用型印刷品以及书刊、包装、报纸等主流印刷品质量检测与控制的工具、方法，有助于学生适应不同工作岗位的要求；《平版印刷工艺》突破传统教材特点，结合具体案例进行分析和讲解，使学生加深对工艺过程的认识和掌握；《印刷机结构与调节》以"任务驱动"方式突出介绍了国内企业使用较多的进口胶印机和国产胶印机型，更贴近企业对中职院校学生掌握常见机型操作的要求。

从整体上看，这15本教材紧密结合中职院校的教学需求，较好贯彻了委员会的教材编写指导思想，在选题和编写模式上都有了很大突破。新版统编教材主要突出以下显著特点：

1. 面向职业需求，突出实践导向。面向实践，针对企业需求制定有针对性的课程内容，争取使培养出来的学生能较快融入到生产实践中。

2. 关注持续成长，注意延伸学习。在突出实践导向的同时，注意各知识点的延伸性，培养学生的持续学习能力，举一反三，以适应企业的不同需要。

3. 强调任务驱动，理论适度够用。引入职业教育流行的任务驱动理念，明确每一教学单元的培养目标和知识点、技能点，知识教学和技能训练交叉进行。

4. 重视双证融通，接轨技能标准。注重教材内容与职业技能鉴定标准的衔接，以体现职业教育双证融通的特点。

5. 丰富教材体系，适应教改要求。突破纯技术教学倾向，在技术性课程之外，增加营业、计价和营销等业务员相关知识，扩展学生就业面。

第二批中职教材的出版，标志着新版统编教材的编写工作已经在稳步前进。希望有关院校在总结已有经验的基础上继续做好后续教材的编写工作。同时，由于教材编写是一项复杂的系统工程，难度很大，也希望有关院校的师生及行业专家不吝赐教，将发现的问题及时反馈给我们，以利于我们改进工作，真正编出一套能代表当今产业发展需求，体现职业教学特点的高水平教材。

全国新闻出版系统职业技术学校
统编教材审定委员会
2008 年 8 月

前　言

印刷行业作为一种综合服务性的行业，已在世界各国国民经济的发展中起着越来越重要的作用。特别是电子计算机技术、激光技术以及感光材料技术的发展使整个印刷行业自20世纪90年代以来得到了飞速的发展。对于印刷企业而言，印刷工价计算将直接影响印刷企业的生产效益，也直接制约着印刷企业的发展。因此，作为一名印刷职业院校毕业的学生，作为未来印刷业的栋梁，了解印刷工价计算将显得非常有必要。这也是印刷企业对一个合格学生的基本要求。

本书第三章、第四章、第五章中引用的印刷工价表为1998年东北地区印刷工价的指导价格（新工价表还没有颁布），仅供参考。同时，由于我国各地区的经济发展水平的差异，印刷工价的指导价格也有所不同，望从事本行业的业务人员在印刷品计价的工作中要以本地区印刷工价的指导价格为准。按新闻出版总署的部署，十一五期间各地区要研拟新的印刷工价，现在一些省市仍在沿用十几年前的印刷工价，这是极不正常的现象，有悖价值规律。远的不说，就说近几年物价变化情况，每年物价指数均在4%~8%左右增长，如纸张等，上涨幅度更是惊人。在这种情况下，印刷工价要实事求是地应对市场变化，确保工价的合理性、时效性、实用性。

本教材详细介绍了印刷业务员应掌握的基本技能和技巧以及各类印刷品的计价方法，教学和训练内容按从易到难、循序渐进，并以案例教学的形式安排。本着重知识结构、优化教学理念，重基本技能培养的原则，做到教材内容之间的关系明确、布局合理。同时，教材内容适合时代的要求，让学生尽可能掌握前沿的科技知识。教材所用语言平实易懂，尽量将专业术语以浅显的形式融汇其中。为了更好地学习印刷品工价计算，望学生在学习本教材内容的同时，应全面掌握与印刷品工价计算相关的学科，如印前工艺、印刷材料、色彩学、印刷工艺学及印后加工等。

全书力求详尽、新颖、全面，而且具有较高的实用性、针对性、先进性和适用性。明确了教材编写的理念：由单一学科学习型向培养复合型人才转变，实现专业知识与生产技能相结合。

教材编写内容分工如下：

第一章~第三章，第五章~第七章由王国庆（辽宁省新闻出版学校）编写；

第四章由陈世军（辽宁省新闻出版学校）编写；

本教材由王国庆同志统稿。

由于印刷技术发展非常迅速，新技术、新工艺不断涌现，教材中不当之处在所难免，敬请读者将使用中发现的问题及时反馈给我们，以便在教材重印时加以改正。

编　者
2009年6月

目 录

第一章　印刷业务员基本要求 ·· 1
第一节　印刷业务员基本素质 ·· 1
一、业务员在思想道德等方面所应具备的素质 ····························· 2
二、公（共）关（系）——业务员在对外和对内交往方面所应具备的素质 ······ 2
三、业务营销人员应当具备的其他方面的素质 ······························ 4
四、印刷企业业务员的管理 ·· 4
第二节　印刷业务员市场工作实操 ·· 5
一、市场调查 ··· 6
二、市场细分和目标市场的进入 ·· 6
三、公共关系活动 ··· 7
四、业务谈判 ·· 8
五、签订合同 ··· 12
六、跟踪合同 ··· 13
七、回收账款 ··· 14
八、境外印刷市场的开拓 ··· 15
第三节　印刷业务员工艺工作实操 ··· 18
一、接收订单 ··· 18
二、与客户交涉 ·· 19
三、回厂工作 ··· 19
四、在本厂和客户之间传递校样 ·· 21
五、安排生产 ··· 21
习　题 ·· 21

第二章　印刷工价基础知识 ·· 24
第一节　印刷工艺 ··· 24
一、印刷术语 ··· 24
二、印前工艺 ··· 25
三、印刷流程及工艺 ··· 27

四、印后加工工艺 ································ 28
　第二节　印刷材料 ···································· 32
　　　一、纸张 ······································ 33
　　　二、纸张材料的加放量 ···························· 37
　　　三、纸张材料采购的优化 ·························· 39
　　　习　题 ······································· 40

第三章　印前计价 ······································· 41
　第一节　单色制版计价 ·································· 42
　　　一、汉文排版计价 ································ 42
　　　二、外文及中外文对照排版 ·························· 43
　　　三、线条、表格稿排版计价 ·························· 44
　　　四、单色图形和图片的照排计价 ······················ 45
　第二节　彩色制版计价 ·································· 45
　　　一、平印制版计价（含胶片费；不含打样费） ············ 45
　　　二、输出胶片及打样 ······························ 46
　　　习　题 ······································· 47

第四章　印刷计价 ······································· 48
　第一节　书刊印刷计价 ·································· 49
　　　一、平印平台机印刷计价 ···························· 49
　　　二、平印轮转机印刷计价 ···························· 52
　第二节　包装、装潢、商标印刷计价 ······················· 53
　　　一、包装、装潢、商标产品的印刷计价 ················· 53
　　　二、不干胶标签产品的印刷计价 ······················ 55
　第三节　票据、名片印刷计价 ···························· 56
　　　一、票据印刷计价 ································ 56
　　　二、名片印刷计价 ································ 57
　第四节　其他印刷方式的计价 ···························· 57
　　　一、宣传页印刷计价 ······························ 57
　　　二、轻印刷计价 ·································· 60
　　　三、报纸印刷计价 ································ 60
　　　四、信纸（单色单面）印刷计价 ······················ 61
　　　五、信封（双色）印刷计价 ·························· 61
　　　六、数码印刷计价 ································ 62

  第五节 我国不同地区印刷品工价比较 …………………………………… 64
   一、广东省印刷品报价单 ……………………………………………… 64
   二、上海市印刷品报价单 ……………………………………………… 65
   三、北京市印刷品报价单 ……………………………………………… 67
   四、东北地区印刷品报价单 …………………………………………… 68
   习 题 ………………………………………………………………… 70

第五章 印后计价 ……………………………………………………… 72
  第一节 书刊装订计价 ………………………………………………… 72
   一、书刊装订费用的计算（社会）……………………………………… 72
   二、书刊装订费用的计算（出版社）…………………………………… 74
   三、精装封面加工费计价 ……………………………………………… 76
   四、精装上封费计价 …………………………………………………… 76
   五、精装封面尺寸的计算 ……………………………………………… 77
  第二节 印后零件计价 ………………………………………………… 80
   一、书刊装订零件计价 ………………………………………………… 80
   二、覆膜、上光计价 …………………………………………………… 80
   三、压痕、模切计价 …………………………………………………… 81
   四、糊盒、对裱计价 …………………………………………………… 81
   五、信封、口袋、卷宗加工计价 ……………………………………… 82
   六、烫金及压凸计价 …………………………………………………… 82
   习 题 ………………………………………………………………… 82

第六章 印刷估价 ……………………………………………………… 84
  第一节 印刷估价的依据和方法 …………………………………… 84
   一、印刷估价的依据 …………………………………………………… 85
   二、印刷估价的方法 …………………………………………………… 85
   三、印刷估价与计价的区别 …………………………………………… 85
  第二节 印张的估算 ……………………………………………………… 86
   一、中文（日文、朝文）文字产品印张的估算方法 ………………… 86
   二、外文（拉丁文、斯拉夫文）文字产品印张的估算方法 ………… 87
   三、图片产品印张的估算 ……………………………………………… 88
  第三节 印制加工费用的估算 …………………………………………… 88
   一、制版费用的估算 …………………………………………………… 88
   二、印刷费用的估算 …………………………………………………… 89

三、装订费用的估算 ································· 89

第四节　纸张材料费用的估算 ································· 91
　　一、平板纸印张价格的估算 ································· 91
　　二、卷筒纸印张价格的估算 ································· 91

第五节　优化估价法 ································· 92
　　一、固定成本和可变成本分别计算法 ································· 92
　　二、起印数及以下产品的估价方法 ································· 93
　　三、起印数及以上产品的估价方法 ································· 93
　　习　　题 ································· 93

第七章　业务分歧与处理 ································· 95

第一节　防止欺诈 ································· 95
　　一、合同主体的资质 ································· 96
　　二、非法出版物陷阱 ································· 96
　　三、时限陷阱 ································· 96
　　四、质量陷阱 ································· 96
　　五、付款陷阱 ································· 97

第二节　化解纠纷 ································· 97
　　一、合同方面的纠纷 ································· 97
　　二、实际生产过程中的纠纷 ································· 99

第三节　弥合分歧 ································· 101
　　一、计价项目方面的歧义 ································· 102
　　二、零印张计价方面的歧义 ································· 102
　　三、加成方面的歧义 ································· 103
　　四、卷筒纸出纸率方面的歧义 ································· 104
　　五、纸张加放方面的歧义 ································· 104
　　习　　题 ································· 105

参考文献 ································· 106

第一章 印刷业务员基本要求

应知要点：
1. 了解业务员在思想道德等方面所应具备的素质。
2. 了解业务员在对外和对内交往方面所应具备的素质。
3. 了解业务员在其他方面应具备的素质。
4. 掌握印刷业务员市场工作实操的内容。

应会要点：
正确理解并掌握印刷业务员市场工作实操的内容。

第一节　印刷业务员基本素质

【任务】正确认识业务员在印刷企业各项工作中的重要作用及所应具备的基本素质。

【分析】教师从印刷企业的加工特性及业务员在企业发展中的重要作用引出本课题的任务，引导学生认识业务员的工作能力在印刷业务承接中的重要性；通过业务员在各方面所应具备的素质来讲解毕业生如何成为本行业一名合格的业务员，如何更好地为印刷行业服务。

印刷企业的加工特性，决定了客户在生产经营中的特殊地位。没有客户，就无法生产经营。因此，作为印刷企业的业务员在承接业务时，除了要把握相应的原则，了解新闻出版行业相关的政策、法规，掌握出版、印刷工作的基础理论知识与版权知识，熟悉编辑出版、印刷工艺流程及技术要求，掌握印刷成本核算的基本原则之外，还要具备以下几方面的素质。

一、业务员在思想道德等方面所应具备的素质

1. 业务员在与国家的关系方面所应具备的素质

这也是国家对每个公民最基本的要求，那就是要有理想、有道德、有文化、有纪律。不论从事什么职业，首先要做一个合格的、合法的公民，这是你开展各项社会活动的基础和前提。

2. 业务员在与职业的关系方面所应具备的素质

印刷业务员要遵守职业道德。营销这一职业道德要求的核心就是诚实守信。市场经济运作的基础和本质要求是诚信，诚信交易是市场经济发育成熟的标志，诚信缺失则是市场环境不完善的表现。一个企业、一个业务员，可能靠非诚信的手段敛财于一时，但绝不可能成为百年老店和名牌的业务员。

3. 业务员在与行业的关系方面所应具备的素质

印刷业务员要按照国家法律、法规及印刷行业相关管理条例承接印刷任务。国家要求印刷企业承接印刷任务时，按规定验证和留存证明文件，这是为制约上游企业、保证印刷品的合法性所设置的最后一道防线。虽然一般说上游企业应文责自负，但有关管理条例（《印刷业管理条例》）指出，印刷企业在明知印刷品有问题时，有责任拒绝印刷并向有关部门举报，否则印刷企业要承担连带责任。印刷企业日常承接印刷任务的一般都是营销业务人员，所以营销业务人员为了国家和企业的根本利益，也为了业务员自身的职业生涯和前途，必须严格遵守相关的法律、法规。

4. 业务员在与企业的关系方面所应具备的素质

印刷业务员要忠职于本企业，不谋取工作以外的私利。如果想离开目前服务的企业，就应当与企业进行正式谈判，解除合同，然后再受聘于另外的企业。在规定的时间内，不能把自己原有的业务关系转给新签约的企业。在这方面我们一些印刷业务人员有实际的反面教材。如有些业务员通过一些非法的手段侵占全厂职工的利益，谋取小团体的私利，以至走上犯罪的道路。

二、公（共）关（系）——业务员在对外和对内交往方面所应具备的素质

公共关系是业务员所必须掌握的一门主课和基本功夫。现代公共关系学把公共关系的对象分为企业外部的组织和个人以及企业内部员工这样两个部分。业务员要重点学习和掌握对外关系方面的技术和技巧，有效地开拓和维护自己的目标市场。当然也要学习和内部员工团队合作的技巧和艺术，以便更好地开展工作。下面主要介绍业务员需要掌握的对外关系方面的内容。

1. 思想认识方面

（1）了解营销职业在社会主义市场经济中不可或缺的地位。

近年来，随着印刷行业的发展，出现了印刷企业营销业务人力资源短缺的状况。要积极勇敢地投身于这个职业，努力学习相关的理论和知识，敢于进入相关市场；国内外不少成功的商业、企业界人士，都是从最基层一线的推销工作开始干起，一步一步地通过艰苦奋斗，走向胜利。

（2）了解业务营销职业的规律和特点。

进入市场后，绝不可能每份订单都会成交。成交的数量和你接触的客户数量之间的比例关系，就是成交概率。随着时间的推移和你自身公关能力的提高，这个概率应当会逐步提高。由于业务和销售工作需要有一个过程，所以不必产生凡事求人的思想。我们和客户在法律和人格等方面都是完全平等的，不存在高低上下之分。我们总是要去接触客户，但不见得总能成交，这是我们的职业性质所决定的必然结果，是很正常的事情。所以成熟的业务销售人员应对此保持正确的心态。

2. 实践方面

（1）业务员自身应当具备的条件。

我们的身体条件是不能选择的，但我们可以有意识地、适宜地修饰和美化自己，以便开展工作。这是我们能够做到，也是我们作为业务营销人员必须首先要做到的。这样做的目的，是让人感觉到我们诚实可靠、精明干练，愿意和我们交往，愿意把事情托付给我们办理。

在自身外表方面，头发要保持清洁、整齐，在形状和颜色等方面不要过度新潮、另类。男同志的胡须要刮理干净，眼角要清理干净。一般不要在和客户见面时还带着墨镜。手指甲要修剪得长短适度，边缘光滑。

在化妆方面，男同志基本上不用化妆，女同志应当化淡妆，在干净的基础上，略加修饰即可，宁可不及，不宜过分。

在服装、配饰方面，服装的样式、颜色及搭配要大方、得体。既不要过分张扬，给人不稳重的感觉，也不要过于正式而显得呆板。一般以着职业装较为适宜。配饰也以简洁为好。在语言方面，语音高低、语速快慢适度，清楚易懂。一般都要讲普通话。交谈时目光专注，不左顾右盼，以示对客户的尊重。

在举止方面要文明礼貌。比如，进屋前一定要先敲门，得到允许后再开门。要用手缓缓地将门推开，不可用脚踢门或用身体撞门。

（2）在乙方业务部接待客户时的要求。

首见必答，不管哪位业务员在场，对进来的客户都要首先问好。如果客户要找的业务员不在，要主动帮助联系寻找或请客户留言。

每位业务员的桌子要保持整洁有序，不放置和工作无关的物品。整体环境安静，不大声喧哗、不扎堆聊天、不吃东西、不坐桌子、不骑椅子，总之不做和工作无关的事情。

（3）业务员公关工作的关键。

业务员开拓市场和维护客户，大量的工作都落实在与客户方具体人员的公关交往上，尤其是和客户打交道最频繁的一线业务营销人员。

业务员在和客户交往时，要通过用心观察，了解客户各方面的信息，并投其正常所好，尤其要帮助客户排忧解难。通过长期真诚努力，使双方的关系尽快经历三个层次，即从同事到朋友再到兄弟。

三、业务营销人员应当具备的其他方面的素质

1．计算机使用

在当今的信息化年代里，计算机将成为各行各业的通用工具和人们日常生活的亲密伴侣。国家新闻出版总署顺应时代的大趋势，要求出版、印刷行业尽快实现信息化生产和管理。将来的企业会在网上招标、签订电子合同、传送电子订单、实时通过互联网络检查印刷企业的生产进度，并在网上用电子账单结算。现在，先进印刷企业的业务营销人员会携带手提电脑上门谈业务，了解产品状况，查询原材料存量和价格，现场用手提电脑报价等。作为新时代的印刷企业营销人员，必须能够熟练地使用电脑和掌握印刷查询、报价、录制订单等常用软件。

2．汽车驾驶

作为业务销售人员掌握驾驶汽车技术，对自己工作非常有利。

3．外语听说

随着出版、印刷业的发展，企业接触的境外订单越来越多，国际上大型印刷企业也在中国直接设立办事处。印刷业务营销人员应具备一般的外语能力，特别是需要补充学习有关出版、印刷的专业词汇。

四、印刷企业业务员的管理

1．业务员的工作模式

（1）业务分工。

根据本企业业务员技术能力的具体情况，可以按工序分工，分别负责制版、书刊印刷、彩色印刷、包装装潢印刷、零件印刷等，也可以打破工序界限，实行全方位（全天候）作战。可以按客户单位分工，分别负责一个或若干个客户；可以按地域分工，分别负责某一片，或分本地及外地。

印刷的期刊比较多时，最好设专人管理，如果数量少，则可由业务员分管。可以以业务员个人为单位，也可以结合为两人及两人以上的业务小组。以上各项可以综合考虑，交叉使用，总之以适宜为原则。

(2) 业务营销的日常运作。

①工作流程。所有与客户交涉层面，均只由业务员出面，切忌多头联系，而所有对内指挥均由调度负责，业务员不能直接发令。有的厂把所有生产部门统称为后勤部门，业务只和后勤部门负责人联系，具体产品的用料、进度、质量、设备、工艺等均由该部门安排。不论采用何种流程方式，均需形成书面规定文件。

②考勤制度。业务员可以与全体员工一样，采用坐班制，也可以不坐班，而采取早晚定点或定期某天报到制，总之以利于工作为宜。要有定期的会议和汇报制度，这样既能使业务员放开工作，又能在需要时将业务员迅速集合。

③交通通信。为业务员解决通信工具的配置和通信费用报销问题。根据条件报销交通费用或配置不同的交通工具。如果配备汽车，必须和有关管理部门一起制定严格的管理制度，确保安全。

2. 业务员的计酬方式与奖惩

(1) 考勤、质量事故处理方面的管理、奖惩和其他员工相同。

(2) 计酬方式。对业务员计酬可以采取多种办法。

①按承揽任务的产量计酬，即每一单位量，计酬若干元。1色令计0.1元，书刊印刷1色令计0.05元等。

②按承揽任务的产值计酬。如每百元计1元。

③计酬时点。可以按开出发货票日期（月份）为准。也可以按交回客户账款的日期（月份）为准。

3. 业务员的聘用、教育与培训

(1) 对业务员实行聘用制，必要时可以把招聘的范围扩大到社会。聘用业务员的条件主要是：思想品质好、不谋私利、愿意从事这项工作，并具有学习本岗技能的潜质，身体好。

(2) 对受聘业务员统一进行思想、道德、职业操守、遵纪守法方面的教育。

(3) 对受聘业务员统一进行公共关系、印刷工艺、计算价格等技能方面的培训。

第二节　印刷业务员市场工作实操

【任务】正确掌握业务员在印刷企业与客户关系中所应具备的业务技能及工作职责。

【分析】教师从业务承接、市场调查等相关内容，再由印刷品的形成过程引出本课题的任务，引导学生正确认识业务员在印刷品由承接到印制加工最终到交货结款的过程中所起到的重要作用；通过市场调查、业务谈判、合同签订、账款结算等内容来讲解，使业务员在今后的工作中为企业带来更多的经济效益，杜绝不必要的质量纠纷。

本节介绍的印刷业务员的工作，特指业务员职责当中与市场和客户有关部分的工作内容，主要包括市场调查、市场细分、市场进入、对外公共关系处理、业务谈判、合同签订、合同跟踪、账款结算等。至于和印刷知识、技术有关的工作，如印刷工艺设计、计算纸张、快速报价等将在以后各章节中具体讲述。

一、市场调查

由于业务员所处的位置和工作范围有限，业务员负责市场调查的内容，基本上是印刷的上游个别企业的基层和日常的浅表状况。当然业务员如果有条件的话可以经过自己的努力，调查到对象的宏观和深层状况。

比如一个印刷企业购置了两台大度的八色商业轮转机，为此新招聘了若干业务员。这些业务员，尤其是刚从事这项工作的业务员，应当怎么办呢？

1．明确市场调查范围

公司会对业务员承接的任务提出要求，具体到本案例，要求的产品是胶印、彩色、大度，印数最好大于30000，纸张一般以$105g/m^2$及以下为宜。业务员应当根据公司的要求，在这一目标市场范围内进行调查。

2．调查方法和渠道

（1）关注公开出版物中的有关信息。比如出版年鉴、广告年鉴、包装年鉴等刊物中有关彩色产品的信息。

（2）关注新闻出版总署、新闻出版局等行业主管部门的文件及内部资料中关于彩色产品方面的信息。

（3）关注出版、印刷等行业媒体，如中国新闻出版报、印刷技术、科印网、必胜网、中国印刷蓝皮书等有关彩色产品方面的信息。

（4）走访出版展会和出版物销售部门，如图书大厦、书店、书摊，实地查看彩色书刊品种、尺寸（大度还是正度）、出版者地域等情况，重点了解的是本公司所在地域有哪些符合要求的彩色活源。

（5）通过电话号码簿和实地查看，了解可能大量发放彩色广告的组织及其联系方法，如电信业、金融业、商品零售业、各大商厦、超市等。

（6）随时关注大型外企进入本地域的信息和可能的彩色产品机会。

（7）通过本人的各种社会关系直接或间接地了解需要彩色印刷方面的情报。

二、市场细分和目标市场的进入

调查的目的是为了初步掌握市场的状况，以便对市场进行细分，初步确定目标市场，也就是进攻方向。比如，通过以上对市场的了解得知大度的彩色产品有以下三种：五家出版社出版的彩色图书、十家杂志社出版的期刊、部分商厦和超市的商品介绍。业务员可以暂时把这三项经过市场细分出的子市场都定位为目标市场。

进入目标市场的途径有直接和间接两种。

1. 直接途径

直接途径即由业务员本人直接进入目标市场上门洽谈。但现在有的单位谢绝上门推销，对业务员的工作造成了一定的困难。如何克服这种困难呢，可以试用以下几种方法：

（1）请对方和自己交换名片，以后使用电话或电子邮箱和对方进行联系。

（2）将自己的名片留给对方，请对方在需要时进行联系。

（3）通过电话号码簿或电话查号台或互联网查找对方联系方法进行联系。

2. 间接途径

间接途径即通过本人直接或间接的各种社会关系，事先和目标市场单位的有关人员打好招呼。这种方式比较容易建立第一步的关系，应当说比较快捷、有利。当然不见得就一定能够建立业务关系，但是对长远关系比较有利。

三、公共关系活动

主要是双方信息沟通，收集、分析、寻找、创造现实和潜在的利益共同点，即成交点。在和某单位初步接触后要进行以下几方面的具体工作。

1. 自我介绍

通过口头介绍或名片递送便于对方加深印象和事后查阅。

2. 介绍本企业基本情况

最好有书面资料随后交给对方，以便对方加深印象和事后查阅。介绍的主要内容为：

（1）出示本企业营业执照副本。视对方需要，请对方留存本企业营业执照复印件，按规定在复印件上加盖本企业公章（一定要是红色的）。

（2）出示本企业一般纳税人证明。该种证明表明本企业具备开具增值税发票的能力。对方单位需要印刷企业的增值税发票，以抵扣应上缴的税款。视对方需要，请对方留存企业一般纳税人证明的复印件，按规定在复印件上加盖本企业公章（一定要是红色的）。

（3）递交本企业简介。内容应当包括：企业简单的沿革、地理位置、厂房面积、人员数量和结构、主要设备名称、生产能力、产品质量水平、服务项目等。重点要突出本企业与其他企业之间的差异。比如，在本案中就要根据客户的特点有意识地突出介绍商业轮转机的高速度、高质量，如不再需要脱机折页，铜版纸印刷效果好，出货快。最后还要详细注明有关业务人员的姓名和联系方法（座机、手机、传真、地址与邮编、电子信箱地址等）。

3. 了解对方

了解对方产品的种类、规格、数量、发展规划及有关负责人等情况，目的是了解双方现实和潜在的合作机会。

4．邀请参观

如果觉得目前有合作的可能性，或者对方有兴趣，可以邀请对方到本企业现场参观、指导。

5．保持联系

初次见面后，要保持经常不断的联系，目的是保持信息的沟通，尤其是及时了解可能发生变化的情况，再就是进一步地了解对方尤其是有关人员详细的情况，以便有针对性地开展工作。

四、业务谈判

1．投标及标书的制作

近年来，随着行业竞争的规范化和透明化，出版、印刷市场出现了越来越多的招标、邀标和投标、竞标的交易形式。我们要学习和熟悉运用这种方式，以适应市场经济的需要。

（1）招、投标的规范运作程序和规定。

我国法律规定的招标有两种方式：一种是公开招标，即在公开的或指定的媒体上发布招标信息，并同时公布招标书的购买方法；另一种就是邀标方法，即招标单位或其代理机构主观邀请三个以上具有投标资质的单位投标。无论哪种方式，投标方都要制作投标书，并在规定的期限内将投标书密封交给招标方，但投标方可以在开标前对标书进行书面修改。开标必须是公开的，并有投标方到场。一般取价格低者中标，但低于成本价者除外。

（2）标书的制作规范。

目前印刷界尚无格式化的标书，但其内容和形式的要求可以择要列出。

内容要真实可靠，须包括：企业名称、营业执照、企业简介、对应本标要求的保证条件和措施、价格。形式要郑重大方，能反映本企业实力、文化和风格者最佳。

（3）投标策略和报价分寸。

随时了解掌握印刷市场价位的行情，分析本标的质量、周期、纸张等方面的特性和价格位置，另外还要测算本标的在本企业生产的总成本，参照本标的条件决定报价。

2．非投标业务谈判

在对方有了具体产品时，业务员负责进行具体的初步谈判。业务员觉得必要时，按本企业权限或额度的有关规定，请上一级或最高层人员直接参加谈判。谈判的顺序一般为：

（1）判定产品的规格、数量和所使用的纸张是本企业的设备和加工工艺所适用的。

纸张材料如果由本企业代为购买，则必须是本企业能够采购到的。以本案为例，则产品应当是使用大度 $105g/m^2$ 以下的纸张，数量一般应当在 30000 份以上。假如使用的纸张是正度的，在大度的商业轮转机上印刷，就会造成生产能力的浪费。虽然印刷厂可以承接，但是对客户的成本很不利，应当提醒客户。如果客户由于时间或生产能力紧张的原因，必须这样做，作为印刷企业就算尽到了责任，是职业道德的表现。

（2）判定客户对产品质量和服务方面的要求是本企业所能够达到的。

在这方面，作为业务营销人员一定要抱定实事求是的根本宗旨，如实介绍本企业所能够达到的质量水平，万不可言过其实以致造成纠纷。还以本案为例，商业轮转机的印刷质量可以满足一般产品的要求，但和精细产品的要求尚有一定的距离。所以，如果客户要求的是高档产品，就应当如实回答，供他选择。

（3）判定客户要求的产品制作周期是本企业目前所能够完成的。

这就要求业务营销人员随时和本企业的生产管理人员保持密切的、不间断的联系，熟知本企业各重要机型和工序的生产能力和当前的在线产品生产状况，以准确判断和答复客户对产品时限的要求。

（4）判定价格和结算方式是本企业所能够接受的。

在这方面，一般每个企业都有自己的基本价格和给业务员规定的让价幅度或绝对值，但是业务员还是多与之沟通为好。因为价格是一个非常活跃的因素，有时还要考虑本企业忙闲的情况、该客户潜在价值情况等因素，上一级或高管层对此可能会有更全面、长远因而也是对企业最有利的考虑。下面简单介绍一些有关价格方面的知识，供业务员学习和参考。

3．价格方面的相关知识

（1）价格策略。作为一个印刷企业，印刷加工费的收入是企业的主体收入，而这项收入和企业加工费的价格及回款速度有直接的因果关系。印刷企业要想争取适宜的价格和回款速度，除练好内功外，还必须不断适应动态的印刷市场状况，有较好的价格策略和措施，根据一般的价格管理理论和印刷界的工作实践，可以有如下价格策略。

①尽量争取高价位产品策略。印刷市场价格放开后，总体价格水平呈下降趋势，但客观上仍有高低之分，并不是"一刀切"的状态。究其原因，一是客户对印刷产品在质量要求上的梯次性，也可以称为等级性、多样性、差异性；二是随着市场经济的不断发育成熟，按劳取酬或按质论价的公平交易观念逐步为供求双方所认可和接受，这就为制定高价位的价格策略提供了客观基础。高价位产品策略的制定和实施取决于两点：第一点是企业领导要有对争取高价位可能性的认识；第二点就是企业要具备生产优质产品和高档产品的能力。这第二点是实现高价位产品策略的坚实基础，第一点是可能实现高价位产品策略的机遇，做到第二点的困难远比做到第一点要大得多。

②高价位客户策略。由于任务量大、时间短、质量要求高或是保持风格和品牌的需要等原因，总会有一些委托印刷单位给出的价格较一般水平高一些。我们在有能力满足客户要求的前提下，尽量选择这样的单位进行合作，以取得较高收益。

③个别高价位产品策略。如果暂时尚未与一般价格较高的单位合作，那就在争取个别高价格产品上下工夫。要对产品进行细分。以彩印为例，如大图的制版价格要高于小

图，平网图的印刷价格要高于一般图片，满版实地的印刷价格要高于网纹版等。

④物尽其用策略。就是尽量发挥设备的最大能力，如对开机尽量不要印四开印件，四色机尽量不要印双色和单色印件，大尺寸机器尽量不要印正度印件等。

⑤淡季降价策略或季节差别价格策略。因为我国是人口大国，国家又实行教育兴国战略，所以在书刊印刷产品中，教材所占比重较大。以用纸量统计，我国内地教材和一般书籍的用纸量均占总用纸量的21%左右（2007年完成数据），而且有较强的季节性。所以，主要承担教材任务的印刷厂就会出现较明显的生产淡季和旺季。在淡季时，由于开工不足，加工费可能消化不了全部成本，这是相对意义上的赔本。原因有以下两点：第一，这部分收入虽然不能消化全部成本，但可以冲抵部分固定成本；第二，这部分亏空还可以和旺季时的利润互相调剂。

所谓赔本的买卖，应当是指某项加工收取的费用低于该项加工应耗费的成本。从一般的出版、印刷的交易情况分析，印刷品的加工费均高于其加工成本，否则印刷厂就要关门了。即使客户偶然有某一加工需要印刷厂吃点亏，也可能是印刷厂能够承受的。这就是说，为了长远的利益，个别的赔本买卖是可以做的，这也可以称为季节差别价格策略或综合价格策略。

⑥组合价格策略。

A. 工序组合价格策略。该策略适用于综合性较强的印刷企业，可以依靠本身的综合优势，尽量满足出版或委印单位的全面需要，可以从整体上增加本企业的收入。比如委印单位的产品，既有正文单色轮转印刷，又有封面彩色印刷、烫金、覆膜、UV上光、模切，还有精装、塑封，而某公司具备上述所有的加工能力，就可以全部承接，收取所有的加工费用。另外，可以利用自身的强项工序，向委印单位争取其他工序、项目的加工，这可以称为以强带弱的策略。比如某印刷企业精装联动线的生产能力大，产品质量好，就有利于争取大宗精装任务，同时还可以向委印单位争取该任务的印刷加工。

B. 设备组合价格策略。引进设备的最佳策略是按年份梯次购置，这样就可以承接质量要求不同的各类产品。各档次产品按不同价格收费。

C. 产品组合价格策略。可以承接价位不同的、长期合作的委印单位的所有印刷产品，这也可以称为包干策略。

D. 客户组合价格策略。可以承接价位不同的委印单位的印刷产品。

⑦折扣价格策略。一是对长期合作的委印单位给予一定比例的价格优惠；二是对某项大宗产品，给予一定比例的价格优惠；三是对本企业而言是短线的产品，给予一定比例的价格优惠；四是对即时结算账款而且数额较大的，给予一定比例的价格优惠。

⑧随行就市价格策略。一是指总体价格水平不能脱离市场现实；二是对远期合同中有关第三方价格的条款要有担保书，即对纸张、材料的价格以出版和委印单位付款时的市场价格为准进行调整。

（2）价格联盟。

①组织价格联盟的一般动机。在特定行业、地域如某地区印刷业，共同认定并以奖罚约束实行最低或最高水平价格的约定，即为价格联盟。其目的是防止不正当竞争，不给买方（甲方）以分别压价、各个击破的机会，保护本行业的利益。

②价格联盟形成的客观条件。

A. 市场发育成熟，有强有力的行业组织实行管理，企业遵守行规纪律。

B. 行业生产水平尤其是质量水平基本一致，买卖双方共同认可。

C. 供求关系大体相当。

③目前印刷行业实行价格联盟的困难。

A. 供求关系失衡，印刷能力大于出版任务量，降低这一竞争手段所起的作用加大。

B. 客户对产品质量的要求不尽一致。

C. 企业自律较差，违纪核查不易。

D. 企业机制不同、成本不同，三资企业和乡镇企业有降价可能。

E. 外企的竞争或是加盟都是国内印刷企业所不能控制的。目前在我国内地的外资印刷企业已有2000多家，他们会采取降价等竞争手段进行经营，而不会按我们的规则经营。

④未形成价格联盟时，单个印刷企业的对策。

A. 提高本企业的产品质量，降低成本。

B. 对其他企业的不正当竞争行为，及时报有关部门处理。

（3）对印刷价格相关问题的认识和对策。

①印刷工价的高低从根本上讲取决于市场，这和全社会其他行业一样。这既是现实，又是规律，不以人的意志为转移。

②从理论上讲，价格应当是商品价值的货币化。印刷工价应当等于产品中蕴涵的印刷厂加工和服务所创造的价值。在市场经济的实际运行中，价格只能在一定时段内，动态地、无限趋近于价值或在平均水平上等于价值，即价格随供求关系的变化围绕价值上下波动。

③在出版、印刷市场化的过程中，由于经济的客观运行，形成了目前存在的两大现状：一是印刷工价的一路下滑；二是不同价位的共存。前者说明印刷厂过多，印刷生产能力（求）大于印刷任务（供），所以价格就要降低；后者说明高水平的印刷厂还满足不了高档印刷任务的需求，所以少量印刷厂才能保持较高价位，其余的印刷厂就只能将就中低价位了。

④价位提高的预期轨迹。国家、社会、出版方对印刷品质量要求提高——水平较低的印刷厂活源减少，入不敷出，直至倒闭——印刷厂减少，印刷能力降低——出版物印刷要排队，要快的只有加价。

⑤现在出版市场的确有些书存在着这样或那样的质量问题，但这只是暂时的，是一种过渡现象。不能因为有这样的书且能够售出，出版社就为降低印制成本而降低对出版物的质量要求。国家、读者、舆论界都要干预这件事，要共同促进印刷、出版行业上档次、上水平，价位自然也会上升。

⑥单个企业经营困难乃至有生存危机与价格的因果关系。

A. 未争取到最高价格的业务，导致收入的绝对不足。

B. 回款不及时，造成企业现金流中断，使印刷厂无法周转。这是收入的相对不足，那就要研究制定回款策略和具体措施。可以采取严查对方资信、预收款、带款取货、订立付款合同、签订还款认可协议书直至诉诸法律等措施。

C. 业务员未承揽到足够的印刷任务，这是相对的收入不足，不是价格策略所能解决的。

D. 本企业的成本过高，高于一般印刷厂，而造成相对的收入不足。这也不是价格策略问题，而是要把成本压缩到印刷行业一般水平的问题。那就需要采取精简机构、提高生产效率，重视加工质量以及节约各类资源等措施加以解决。

⑦在印刷工价方面印刷企业的可做之事。印刷企业要多在产品的、可增加册的附加值上动脑筋、多挣钱，而不是去争钱。较高价位基本不是争来的、侃来的，而是提高了产品的含金量，干出来的、挣来的，这就是市场竞争，提高企业的核心竞争力。根据经济学的原理，企业有四条路可走：一是提高产品质量，可以得到优质优价的收益；二是增加产量，在单价不变的条件下，在同一计算期内多挣钱；三是扩大服务，增加产品的附加值；四是降低成本，扩大利润空间。这也是任何一个处在市场经济环境中的企业永恒的课题，是提高企业竞争力的主要途径之一。要做到这四条，背后要下的工夫是加强管理，更深层次的就是改革。

⑧虽然价格不由企业决定，但是具体的细致的价格与成本的比较、找出控制成本的方向乃至具体项目，还是大有文章可做的。

如果上面几步均完成，就可以与客户签订合同。

五、签订合同

除了即时结清账款的交易以外，企业一般都要求对方签订书面格式化的合同，以保护双方各自的利益。合同是双方将来有纠纷需调解时的书面法律依据，一定要认真仔细地签订。这里有几个需要注意的问题：

1. 合同内容（合同要件）

印刷企业和客户签订的合同，在合同法的分类中属于加工承揽合同。对这类合同的要件，法律有明确的规定，并且有格式化的范本。如果企业觉得范本的格式不能满足企业个性化的要求，也允许自行拟定样式，但是必须得到工商行政管理部门的批准、备案，以维护双方的合法权益。

2. 合同双方主体资格

按规定，双方均应出示并互相验证该企业的营业执照、法人或受权人的身份证明、授权委托书。注意验证委托书上企业法人代表和受权人的名字要和企业营业执照及身份证明一致，委托书上注明的委托时限应当在有效期内，否则应予更换。双方均应留存对方以上各类证明文件的复印件。双方单位的名称要和本单位付款支票上的图章名称一致（实行计算机管理的单位更强调此项要求，否则无法入账或被计算机认为是两个单位无法销账）。

3. 合同效力

合同纸一般一式两份，双方各执一份，具有同等法律效力。必要时，双方可以到公证机关公证，公证机关要留存一份。合同应当约定，如有纠纷是到人民法院起诉还是到仲裁机关仲裁，并约定审判机关和仲裁机关。

4. 合同文本

合同文本要按规定使用碳素笔、钢笔、不掉色的圆珠笔等工具书写。两页及以上的合同要加盖连续的骑缝章，以证明合同的同一性、防止抽改行为的发生。

六、跟踪合同

这是业务员维护客户的必不可少的重要工作，有的业务员存在签完合同就万事大吉的想法和做法，这是不正确的。当然，也可能是企业规定的不太明确，那就需要制定出明确的规范。

1. 交接样件

（1）从客户方接收原稿。

原稿包括文字手写原稿、打字机原稿、图片手工原稿（画作、摄影作品的天然色片、负片等）、印刷品、电子文件的磁盘（光盘、移动硬盘等）等。

要求业务员首先点清原稿的数量，其次要在可动范围内，查验原稿的质量，当时不能查验或确定的，必须向客户申明，待回厂查验后再联系。注意对原稿的保护，在取稿和向本企业交稿时，都要履行签字手续，以分清责任。

（2）向客户送交样件。

向客户送交样件的要求同接受样件一样。比如，要检查送出校样和与其对应的原稿的数量，在可能的条件下检验校样的质量。在取样、稿和向客户交样、稿时，也要履行签字手续，以分清责任。

这样在客户和企业之间来回传递样件，直至该产品清样、付印。

2. 验收付印样

做好付印样验收工作，尤其是对书刊类产品。要查验客户对产品规格尺寸的要求有无完整的标注，尽量防止和减少回厂后再向客户询问的情况发生，这样做一是节省时间，二是可以显示出业务员和本企业的工作水平。交接付印样同样要办理签字手续。

3. 制作订单

对业务员制作订单总的要求是，把客户关于该产品的所有信息完整、准确地明示清楚。要求达到下工序只看单据、不用再询问业务员就可以顺畅作业的程度和水平。

4. 了解进度

对生产部或车间提出的问题或疑问进行解答，通过生产部调度或车间了解产品进度，做到心中有数。

5. 保持与客户的联系

业务员要及时、准确地答复客户对产品进度的询问。对客户提出的更改事项，要求以书面形式通知，防止由于口头交代可能产生的出入造成今后扯皮。

6. 业务员和生产管理部门在日常工作中的关系

两者肯定是互助合作关系，即团队精神，也可以说是内部员工之间的协调关系。在具体规定和实际运作当中，有时往往不太明确，以致影响到各自的工作、产品的完成或客户关系。为此，可以有以下设计方案供参考：

（1）印刷企业业务和生产部门的设置。印刷企业可以设置生产部，下设生产科、业务科，也可以单独设置业务部和生产部。这两种设置方案各有利弊，各企业应当依据本企业的实际情况，酌情采用。

（2）业务部门职责。业务部门负责调查市场、联系客户、开展业务活动、谈判、报价、签订合同、制作订单（制作订单的功能亦可划归生产作业部门）、填写采购单、取送样件（原稿、校样、样本、可以承受的小批量产品）、了解生产进度、收款等项工作。

（3）生产部门职责。生产部门负责制作订单（此功能亦可划归业务部门）、开具工艺施工单（不论是手工制作还是计算机制作，最好将订单和工艺施工单两者合并为一个单据，以达多快好省之目的）、采购材料、调度生产、送书、计价等项工作。

（4）业务与生产的配合。有的企业提出在一般情况下，客户不进生产科和车间，业务员不进车间。车间凭生产工艺单作业，或听生产调度的指挥。由生产部门的总调度与业务负责人掌握本企业在产品状况和可再承接量，及时与业务员进行沟通。做到对外由业务员或业务负责人一个声音讲话，对内由一个声音指挥，各司其职，忙而不乱。

（5）业务员与生产工艺员或调度员的交接。双方的交接要清楚明白，最好以书面文字为准，交接的样件要当面点清并履行签字手续。

七、收回账款

1. 送审结算单据

业务员须催促计价员按时将产品加工费的结算单给出，并进行审核，然后送交客户，并履行签字手续。

2. 解决分歧

业务员要保持和客户方计价人员的联系，解答对方提出的疑问，如需修改，负责在本企业和客户之间传递单据，直至双方达成一致。

3. 送交发货票

业务员要按客户的要求，将本企业有关人员开具的发货票无损、无折痕地送交客户，并履行签字手续。

4. 催账收款

业务员要经常询问客户付款事宜，并在可以结算时收取账款，交本企业财务人员收讫。对客户交付的支票，要按规定进行查验，如印鉴的清晰程度、填写是否规范、密码填写与否等。对方如果交付现金，要验其真伪，可以使用验钞机，也可以采取共同到银行暂时存储的办法。

八、境外印刷市场的开拓

1. 立足国内需求，转变增长方式，增强自主创新能力，打造现代内容产业，提高民族新闻出版业的核心竞争能力

《新闻出版业"十一五"发展规划》指出，"十一五"期间新闻出版业的发展，一要立足于扩大国内需求，特别是把开发、扩大农村出版物市场，满足广大农民的文化消费需求作为推动新闻出版业发展的重要基点；二要立足于转变增长方式，从主要依赖数量、规模增长的粗放模式向大力提高质量、效益的集约型发展模式转变，推动产业走上持续健康发展的良性轨道；三要立足于优化结构，把优化产业结构、产品结构和区域布局结构作为主线，积极推进以资产、资源为纽带，跨地区、跨部门、跨媒体的多种联合，实现产业优化升级；四要立足于增强自主创新能力，大力推进数字出版，打造现代内容产业，提高民族新闻出版业的核心竞争能力。

《规划》指出，新闻出版业要按照全面贯彻落实科学发展观和构建社会主义和谐社会的要求，紧紧把握经济、社会发展的趋势和规律，针对行业存在的主要矛盾，以转变增长方式、优化产业结构、加强科技开发、拓展市场空间为重点，抓住机遇，打破制约产业发展的瓶颈，用战略重点突破带动全行业的发展。"十一五"期间我国新闻出版业八大发展战略重点是：一要积极推动现代内容产业发展；二要大力发展数字出版；三要努力构建公共新闻出版服务体系；四要加强出版物现代流通体系建设；五要大力发展现代印刷、复制产业；六要促进少数民族地区新闻出版业发展；七要积极实施"中国新闻出版业走出去"战略；八要以国家重点工程建设带动新闻出版业发展。

当前，欧美等先进国家的印刷从业者正苦于本国印刷产业发展的过度成熟，找不到好的方法来建立自己印刷企业的差异性，以摆脱同行业竞争者的追赶，而且欧美等地区和国家的印刷工价远远高于中国内地印刷市场的价格，如果到中国印刷可以大幅度减低企业的成本支出，这对于一个追求利润最大化的国外企业来说，无疑是一个值得选择的模式。美国一家权威机构一项关于全美印刷业的调查显示，参与调查的29%的公司表示在2004年的前9个月中丢掉了与国外公司共同参与竞争的印刷项目，其中49%的项目是输给了中国的印刷公司。我国新闻出版总署的资料显示，自第七届世界印刷大会和加入世贸组织以来，我国印刷业持续以年均15%的速度增长。截至2008年4月30日，全国印刷工业总产值已经突破4600亿元，占国内生产总值的2.02%，已经提前完成了印刷业"十一五"发展规划确定的年产值4400亿元的发展目标。这些说明境外印刷订单前景看好。现在，在中国境内做境外印刷订单生意已经不是个别现象了，只是由于语言和文化等交流方面的差异和限制，比例还相当低。当前，国内印刷业处于供过于求、杀价竞争的困境，我们要充分理解《新闻出版业"十一五"发展规划》的内涵，使我国的印刷业也能像其他制造业一样，拓展到世界舞台，那么，中国印刷业大量承接境外订单的前景将越来越好。

2．抓住承接境外订单的大势和机遇

（1）机遇和舞台。

当前我们党和国家的产业政策和长远的发展规划以及世界经济的发展，给我们印刷业承接境外订单，提供了很好的机遇和广阔的舞台。

在当前和今后一段时间内，国力的不断增强以及改革开放的深入，为我们承接境外订单创造了一定的客观条件。我们必须清醒地认识到内地的印刷人工成本低的这种态势不会是永远不变的，我们国家的印刷人工成本，随着我国经济、社会、文化的发展和人民生活水平的逐步提高，也会步步提高。把这一时期称作机遇期，是因为它只是一个有限的历史时段，而不是无限长的时期。

（2）印刷企业承接境外订单的模式。

当前内地印刷企业承接境外订单的模式，大致有几种：①境外投资者带着境外订单在内地建厂；②境外印刷企业带着境外订单把原在境外的厂迁至内地进行生产；③国内印刷企业直接承接境外订单；④内地印刷企业通过香港等地的企业，间接承接境外订单；⑤国内印刷企业零星、偶然承接境外订单。

作为国内已有的印刷企业，要想做大做强，方向之一就是争取外单。这样做一是为了扩大经营范围，增加生产一线不足的开工率，二是为了练兵，以争取更多的外单。

（3）了解境外印刷计价状况。

应当了解境外印刷企业或行业在质量、周期、服务等方面的要求和计价办法、价格水平，作为情报，再依此设计出自己的营销和价格策略。

《孙子兵法》曰：知己知彼，百战不殆。我们要接好境外订单，尤其是争取到最大效益，最好千方百计、通过各种渠道获取必要的商业情报。从计价角度讲，最好了解、掌握委托方或国际印刷市场的价格现状。这样我们的报价就可以尽可能地提高，以增大利润空间。如果对境外价格不甚了解，那就只能以本土价格为基础计算报价，就不可能争取到较大的效益。

情报资料的获取可以有若干途径。如：业内纸介质资料，如公司简介、报价单等；互联网上查询、浏览；向境外来访人员咨询、收集信息；向我国出访人员咨询、收集信息；向相关境外印刷公司模拟询价。

(4) 境外印刷计价简介。

①美国印刷企业通行主观计价法。用本企业每月、每季、每年的一个小组，一个车间或全厂发生的实际成本总额，除以印刷机实际运行（含印刷准备）的时间，得出印刷机的实际成本 x 元/小时，在此基础上加一定比例的利润和税金，即为该企业的印刷工价。这种计价方法需要将客户提供的数据换算为工时，但总的看比较简单、易行，而且可能保证企业的效益。关键的问题是这个企业的个别成本与行业平均成本的关系。只有个别成本与行业平均成本水平持平或较低，才能取得较好效益。北美地区印刷的价格一般都高于我国内地的水平。

②欧洲印刷价格上涨。这几年由于欧元的趋强，导致欧洲的印刷价格上涨，大量德国等地的印刷订单到我国香港特区等地寻求加工市场。

③日本没有一个确定的机构负责制定统一的印刷价格。大的印刷企业在市场竞争中形成的价格，即为印刷业的主体价格和其他印刷企业的参照价格。虽然经过竞争压价，但是日本的印刷工价仍高于我国内地。

④我国香港特区印刷价格比内地要高。这个地区本身没有统一的工价，企业价格高低不同，却均有相应的客户与之合作，这也是市场经济发展的一个结果。这个地区现在自己经营加工的主要是一些短、平、快的产品，而将较大宗的订单转到他们设于内地的工厂内生产。

⑤我国台湾省印刷工价是市场化运作，也存在过度竞争下的印刷价格过低的苦恼。近来，台湾业界在研究一种新的计价方法，即承印价格 = 制造成本 ×134%（加出的部分为管理和销售费用）+6.7%（利润）+税金。总的价格水平比内地稍低一些。

⑥韩国印刷价格比内地稍低，所以和韩国交流有语言和地域优势的延边出版单位和内地的印刷厂谈过合作印刷韩国的书籍，如《圣经》等，也未成交。

综上可以看出，印刷市场也遵循市场经济的规律，在全球范围内优化资源配置。我们印刷开发境外订单的方向和目标市场，就是比我们价格高的国家和地区。

3. 印刷企业承接境外订单的准备工作

(1) 练兵，提高核心竞争力，尤其是产品质量和周期保证。

如某国有大型印刷企业为某外国制作高档笔记本，由于质量不符合合同的要求，被客户在目的港原船原货退回。后经返工虽达到了质量要求，未耽误工期，但企业效益已受到影响。由此可以总结出，在接受国外订单时，企业首先应在质量和技术上把好关。

(2) 营销业务人员学习掌握相关的经营技术知识。

①了解与境外客户谈判方面的相关知识。包括了解境外影响谈判的法律、社会、文化、民族、宗教、心理、习惯等环境因素，还有商务谈判礼仪、谈判的技巧等。

②印刷品的体积计算知识。

③相关的外贸知识。如各种运输工具和运输方式的价格、保险、账款结算方式、货

币汇率、国家的退税政策等，还有报关、出关文件和程序等。

④相关的外语知识。

4．行业组织承接境外订单的准备工作

（1）情报收集和归口。

行业可以充分发挥桥梁和纽带作用，将散落于各个企业和个人手中的商业情报有意识地进行归集。让有可能接触到情报工作的人员有意识地、合法地、正确地进行情报采集。或者是由行业出面，直接组织有关的企业和人员去收集情报。这样可以组成情报员的专业和兼职的集体队伍，发挥行业的合力，不失为多快好省之道。

（2）情报整理和使用。

行业集合的情报要专门进行整理和分析，形成有价值的文档资料。该文档资料可以以有偿的方式（如交费查阅、上网有偿下载、组织情报网员单位的优惠等）共享和使用。

（3）组织联合投标。

可以指导印刷企业对境外订单的招标进行投标，也可以组织有意向的合格印刷企业共同投标，防止竞相压价、自相残杀的现象出现，以维护各印刷企业的利益和全行业的整体利益。

（4）巧用社会资源。

在上述企业和行业需做的准备工作中，还可以有巧办法，那就是借力的策略，即充分利用当前已有的资源。如印刷行业可以将企业做外单的人员集中起来办公，为各印刷企业服务，这又是多快好省的办法。还有，行业也可以请专业的外贸企业和人员，做我们需要又可以外包的工作，充分发挥社会资源的效用等。

第三节　印刷业务员工艺工作实操

【任务】正确认识印刷业务员工艺工作实操是保障产品质量和企业信誉的重要保证。

【分析】教师从"生产施工单"是确保生产顺利而有序进行的重要依据引出本节课的内容，填写"生产施工单"是本节课的重点。

操作案例：某客户已经决定在某印刷厂生产《平版印刷工艺》这本书，结合上两节介绍的知识，模拟业务员具体进行工艺方面的实际操作。

一、接收订单

签字接收客户的发排单，上载产品信息及数据如下：

1. 基础信息

委印单位：×××公司。

委印单号：××××。

产品名称：《平版印刷工艺》

书号：ISBN××××。

版次：2008 年 3 月第 1 版第 1 次。

2. 设计要求

（1）开本：正 16 开。

装订方法：封面覆膜/无线胶订。

印刷册数：3000 册。

（2）全书使用宋体字，具体格式如下：正文排五号字，版心 32 行×32 字/行，行间距离单倍；三级标题分别排二号、三号、四号字；表格内文字居中排六号字。

（3）纸张由印刷厂代购，具体要求如下。

正文：60g/m² 晨鸣书写纸。

封面：157g/m² 晨鸣铜版纸。

包装：80g/m² 牛皮纸。

3. 签字接收客户原稿

文字手写稿：500 字/张×350 张。

表格手写稿：5 张。

封面稿：照片 1 张、草版稿 1 张。

二、与客户交涉

看发排单和粗看原稿后，发现并提出以下问题，同客户交涉。

①该书成品的具体尺寸未注明，客户补填为 185mm×260mm。

②三次校稿时间及交货时间未说明。

③该书排版顺序未说明。

④每包打包册数未说明。

三、回厂工作

回厂后，交印前部门签收原稿，并审核排版工艺，未发现问题。开具排版施工单和制版施工单，交调度员安排生产。

1. 开具排版生产施工单

×××印刷厂排版生产施工单如图 1-1 所示。

××××印刷厂排版生产施工单

委印单位：××公司　　　　委印单号：××××　　　承接业务员：李峰

产品名称：《平版印刷工艺》		书号：ISBN××		版次：2008年3月第1版第1次	
开本：正16开		开本尺寸：185mm×260mm		订法：胶订	册数：3000
原稿类别/数量	文字手写稿：500字/张×350张；表格手写稿：5张；封面稿：照片1张、草版稿1张。			签收：	
第1次校稿时间：2008-1-25		第2次校稿时间：2008-1-28		第3次校稿时间：2008-2-1	
承接日期：2008-1-10		要求完成时间：2008-3-12		实际完成时间：	
排版要求					
	字体	字号	行长/字	行距	版高/行	排法	备注
正文	宋	5	32	单倍	32		
一级标题	黑	2				居中	
二级标题	黑	3				居中	
三级标题	黑	4				齐左	
表格	宋	小五				居中	
说明：1. 原稿请勿遗失。 　　　2. 确保工期，按时送校。							

图1-1　××××印刷厂排版生产施工单示意图

2. 开具制版生产施工单

××××印刷厂制版生产施工单如图1-2所示。

××××印刷厂制版生产施工单

委印单位：××公司　　　　委印单号：××××　　　承接业务员：李峰

产品名称：《平版印刷工艺》		书号：ISBN××		版次：2008年3月第1版第1次	
开本：正16开		开本尺寸：185mm×260mm		订法：胶订	册数：3000
原稿类别/数量	封面稿：照片1张、草版稿1张。			签收：	
第1次审稿时间：2008-1-25		第2次审稿时间：2008-1-28		第3次审稿时间：2008-2-1	
承接日期：2008-1-10		要求完成时间：2008-3-12		实际完成时间：	
制版要求					
项目	色数	线数	阳图	样张	载体	备注
封面	4	175	√	数码样	拼4开版	等通知出胶片
说明：1. 原稿请勿遗失。2. 确保工期，按时送校。 　　　3. 联系电话：139××××××××。						

图1-2　××××印刷厂制版生产施工单示意图

四、在本厂和客户之间传递校样

首先，检查调度员交来的排版校样、原稿和制版样张，签字接收，并在流传簿上登记。其次，向客户送交一份校样，并请接收人在流传簿上签字。从客户处核验、签字取回校样转交调度员，并请接收人在流传簿上签字。如此往复，直至清样、付印。

五、安排生产

开具印刷、装订施工单（代领料单、采购单），交调度员安排采购纸张等材料并安排生产。

××××印刷厂印刷、装订生产施工单（代领料单、采购单）如图1-3所示。

××××印刷厂印刷、装订生产施工单（代领料单、采购单）

委印单位：××公司　　委印单号：××××　　承接业务员：李峰

产品名称：《平版印刷工艺》				书号：ISBN××		版次：2008年3月第1版第1次			
开本：正16开				开本尺寸：185mm×260mm		订法：胶订		册数：3000	
页码数：176				印张：11		天头（地脚）：20mm		订口（切口）：18mm	
承接日期：2008-03-04				要求完成时间：2008-03-10				实际完成时间：	
排版顺序：1. 内封；2. 版权；3. 前言1~2；4. 目录1~3（白）；5. 正文1~168									
对象	开数	面数	印法	印色	纸名/尺寸	单位	正用纸	加放量	合计	来源
正文	16	176	胶平	1/1	60g/m² 晨鸣书写纸 /787mm×1092mm	令	33	1	34	代办
封面	4	1	彩平	4/0	157g/m² 铜版纸 /787mm×1092mm	令	0.75	0.01	0.76	代办
30本包	2				60g/m² 牛皮纸 /787mm×1092mm	令	0.65		0.65	代办
送书	联系人：陈诚/136××××××××									
说明：1. 确保工期，按时完成。 　　　2. 交页数量：正文3060，封面3100。										

图1-3　××××印刷厂印刷、装订生产施工单（代领料单、采购单）示意图

以上只举了一个实例，目的是让印刷业务员尤其是新业务员对一本书的工艺安排有基本的了解。在生产实践中，每份订单都有其特殊性，业务员应灵活运用工艺知识进行操作安排，并不断有所提高。

习　题

1. 业务员在与行业的关系方面应具备哪些素质？
2. 业务员在与企业的关系方面应具备哪些素质？
3. 印刷业务员应掌握哪些印刷工艺技能？
4. 业务员的工作模式包括哪些内容？
5. 业务员在接待客户时应有哪些要求？

6. 叙述进入目标市场的直接途径和间接途径。
7. 当你和客户初步接触后要进行哪几方面的具体工作?
8. 非投标业务谈判的顺序如何进行?
9. 根据一般的价格管理理论和印刷界的工作实践,价格策略包括哪些内容?
10. 签订合同时需要注意的问题有哪些?
11. 跟踪合同需要哪些明确的规范?
12. 如何开拓境外印刷市场?
13. 某客户已经决定在某印刷厂生产《印刷概论》这本书,结合所学过的业务知识,请你给排版生产、制版生产、印刷和装订生产开具施工单。

①基础信息。

委印单位:印刷工业出版社。

委印单号:2008120001。

书号:ISBN978-7-80000-678-6。

版次:2009年3月第1版第1次。

要求完成时间:2009年3月15日。

②设计要求。

开本:正16开,成品尺寸185 mm×260mm。

装订方法:无线胶订。

印刷册数:6000。

全书使用宋体字,具体格式如下:正文排五号字,版心33行×34字/行,行间距离单倍;三级标题分别排二号、三号、四号字;表格内文字居中排六号字。

③纸张由印刷厂代购,具体要求如下。

正文:$60g/m^2$ 晨鸣书写纸。

封面:$157g/m^2$ 晨鸣铜版纸。

包装:$80g/m^2$ 牛皮纸,25本/包。

④原稿。

文字手写稿:750字/张×700张。

表格手写稿:8张。

封面稿:照片2张、草版稿1张。

第1次校稿时间:2009-01-05。

排版顺序:1. 内封;2. 版权;3. 前言;4. 目录;5. 正文。

开具排版生产施工单

排版生产施工单

委印单位:		委印单号:		承接业务员:	
产品名称:		书号:		版次:	
开本:		开本尺寸:		订法:	册数:
原稿类别/数量				签收:	

第1次校稿时间：		第2次校稿时间：		第3次校稿时间：		
承接日期：		要求完成时间：		实际完成时间：		
排版要求							
	字体	字号	行长/字	行距	版高/行	排法	备注
正文							
一级标题							
二级标题							
三级标题							
表格							
说明：1. 原稿请勿遗失。 　　　2. 确保工期，按时送校。						

开具制版生产施工单

制版生产施工单

委印单位：　　　　　委印单号：　　　　　承接业务员：

产品名称：		书号：		版次：	
开本：		开本尺寸：		订法：	册数：
原稿类别 /数量			签收：		
第1次审稿时间：		第2次审稿时间：		第3次审稿时间：	
承接日期：		要求完成时间：		实际完成时间：	
制版要求					
项目	色数	线数	阳图	样张	载体	备注

说明：1. 原稿请勿遗失。
　　　2. 确保工期，按时送校。
　　　3. 联系电话：139×××××××。

开具印刷、装订生产施工单

印刷、装订生产施工单

委印单位：　　　　　委印单号：　　　　　承接业务员：

产品名称：		书号：		版次：				
开本：		开本尺寸：			订法：		册数：	
页码数：	印张：			天头（地脚）：			订口（切口）：	
承接日期：			要求完成时间：			实际完成时间：		
排版顺序：								
对象	开数	面数	印法	印色	纸名/尺寸	单位	正用纸	加放量	合计	来源
正文										
封面										
30本包										
送书	联系人：									

说明：1. 确保工期，按时完成。
　　　2. 交页数量：正文　　　　，封面　　　　。

第一章　印刷业务员基本要求

第二章 印刷工价基础知识

应知要点：
1. 了解印刷业务中的印刷工艺基础知识。
2. 了解印刷业务中的印刷材料基础知识。
3. 掌握印刷业务员工艺工作实操流程。

应会要点：
1. 正确掌握书刊装订中"折手"的相关内容。
2. 正确掌握纸张的计量单位和计算。
3. 正确掌握纸张材料加放量的计算。
4. 正确掌握印刷业务员工艺工作实操流程。

第一节 印刷工艺

【任务】正确认识印刷工艺基础知识在业务员与客户交流中所起到的重要作用；印刷工艺基础知识也是印刷业务员应掌握的基本常识。

【分析】教师从印刷品形成的三大加工工艺流程引出本节课的内容，以实物的教学形式讲解印前工艺、印刷工艺、印后工艺的相关术语；书刊装订中"折手"的相关内容是本节课的重点。

印刷工艺是对印刷原材料、设备、加工方法及成品质量等各方面进行测定、改进和控制的理论基础。

一、印刷术语

印刷：使用印版或其他方式将原稿上的图文转移到承印物上的工艺技术。

印刷品：使用印刷技术生产的各种产品的总称。

印刷工业：运用印刷技术制作传播信息和美化生活产品的生产部门。

印刷技术：通过制版、印刷、印后加工批量复制文字图像的方法。

二、印前工艺

1. 基本术语

制版：依照原稿复制成印版的工艺过程。
原稿：制版所依据的实物或载体上的图文信息。
拼版：将文字、图表等依据设计要求拼组成版。
打样：从拼组的图文信息复制出校样。

（1）文字排版术语。
文字排版：将文字原稿依照设计要求组成规定版式的工艺。
印刷字体：供排版印刷用的规范化的文字形体。
版式：出版物的组合设计要求。
版面：印刷成品幅面中图文和空白部分的总和。
版心：印版或印刷成品幅面中规定的印刷面积。
版口：版心边沿至成品边沿的空白区域。
天头：版心上边沿至成品边沿的空白区域。
地脚：版心下边沿至成品边沿的空白区域。
横排：字符横向顺序排列成行的排版格式。
竖排：字符由上而下竖向排列成行的排版格式。

（2）图像制版术语。
图像制版：用手工、照相、电子等方法复制图像原稿的总称。
照相制版：原稿的像素通过照相系统转移到感光材料上的一种制版技术。
连续调：色调值呈连续渐变的画面阶调。
网目调：用网点大小表现的画面阶调。
阳图：在黑白和彩色复制中，色调和灰调与被复制对象相一致的图像。
阴图：在黑白和彩色复制中，色调和灰调与被复制对象相反的图像。
密度（光学密度）：物体吸收光线的特性量度，即入射光与反射光或透射光量之比，用透射率或反射率倒数的十进对数表示。
色密度：彩色画面的密度，用透射率或反射率倒数的十进对数表示。
密度范围：画面最小至最大密度之间的范围。
阶调：图像信息还原中，一个亮度均匀的面积的光学表现。
阶调值：阶调的量度。在印刷技术中通常用透射和反射的程度密度表示。
极高光：画面上最亮的光点。
亮调：画面上的明亮阶调。
暗调：画面上的阴暗阶调。
中间调：画面上介于亮调和暗调之间的阶调。
反差：原稿和复制品中最亮和最暗部分的密度差。
层次：图像上从最亮到最暗部分的密度等级。
图像原稿：复制技术中被复制的照片、底片、画稿、印刷品等总称。
反射原稿：以不透明材料为图文信息载体的原稿。

透射原稿：以透明材料为图文信息载体的原稿。

连续调原稿：色调值呈连续渐变的原稿。

线条原稿：由黑色或彩色线条组成的原稿。

彩色负片原稿：以透明材料为图文信息载体的彩色阴片原稿。

彩色正片原稿：以透明材料为图文信息载体的彩色阳片原稿。

灰平衡：黄、品红、青三色版按不同网点面积配比在印刷中生成中性灰。

色彩还原：原稿色彩和复制品色彩之间色调再现的关系。

灰梯尺：阶调由白到黑或从明到暗以一定密度差逐级排列的胶片、纸质或玻璃条。

测控条：由网点、实地、线条等测标组成的胶片条，用以判断和控制拷贝、晒版、打样和印刷时的信息转移。

密度计：测量密度值用的仪器，有透射和反射之分。

龟纹：由于各色版所用网点角度安排不当等原因，印刷图像出现不应有的花纹。

分色：把彩色原稿分解成各单色版的过程。

电子分色：用电子扫描方式，将彩色原稿分解成各单色版的过程。

电子整页拼版：依据事先制定的版式，用电子方法把文字和图像信息组成整页版面的过程。

分色片：通过分色把彩色原稿分解成的单色（基本色）线条、连续调或网点阴图、阳图底片。

电子图像处理系统：依据事先制定的版式，用电子方法处理文字和图像信息，并组成整页版面输出的综合系统。

网点覆盖面积：在一个被分解成像素和非像素的图面中，像素面积的总和。

网点覆盖率：网点覆盖面积与总面积之比，通常用百分比表示。

2. 印前加工流程

（1）文字产品印前加工流程。

整稿——录（键）入——（按版式）排版——出（喷墨、激光）样——（校对）改版——清样（数字虚拟版——软印版做成品输出）——按折手拼（大）版——出（胶）片。

（2）图像产品印前加工流程。

整稿——扫描/数码相机输入——（按版式）制作——出（喷墨、激光）样——（校对）改版——清样（数字虚拟版——软印版做成品输出）——按折手拼（大）版——出（胶）片。

（3）文字、图像综合产品印前加工流程。

整稿——文字录入——文字（按版式）排版——图像输入——扫描/数码相机输入——图像（按版式）制作——图文合制——组（单P）版——出样（黑白样张/彩色样张，传统打样/数码打样/软屏软打样/远程打样）——（校对）改版、清样（可以在此时点输出电子文件或通过网络传输）——拼（大）版（可以在此时点输出电子文件或通过网络传输）——输出（阴图/阳图）胶（分色）片。

3. 印前工艺

（1）对原稿的要求：出版或委印单位提供的原稿要足数、清楚、作业指令明确；

纸介质文稿的标注要明白、清楚、易认；图片原稿的尺寸要合适、内容要清晰、缩放倍率要合适；版式要利于制作单位及印刷单位操作；电子文件稿使用的应用软件要通用。

(2) 对样张的要求：传统打样的工艺过程、条件和正式印刷生产要基本保持一致；由于生产环节较少，对忠实地还原原稿有利；对于软打样，必须首先对显示器进行标准的初始化，调整基础反差为50%，亮度为80%。

(3) 校对规范：文字符号校对及图像复制校对要认真、准确，具体可查阅印刷标准；为分清责任，保护出版、印刷双方的利益，出版或委印单位的校对人员须在本人校对完毕的样张上签署全名，以示负责。

(4) 对单P胶（分色）片的要求。

① 阳图胶（分色）片上面不要有图文信息之外多余的痕迹、脏污。

② 阳图胶（分色）片不能有折痕，不能相互粘连。

③ 胶片上图文信息排列方正，书眉、页码、书眉线、切口处标志线和正文平行。

④ 每张分色片上都必须有十字线，并标注版别。

⑤ 分色片要能套合准确，尤其是在只改换某色分色片时。

⑥ 胶片的线数、密度要符合要求、保持一致，图文信息要附着在药膜面上。

⑦ 无页码的单色版的清样上面，要逐版标注两个方向的尺寸；有页码的部分要书面给出天头（或地脚）订口（或切口）尺寸，以便印刷厂照样拼（大）版和印刷。

(5) 对拼合版的要求。

① 正确地按折手顺序的要求拼大版。

② 正确放置十字线、角线、裁切线、折线。

③ 正确放置折标、代号。

④ 正确放置测控条、块。

⑤ 正确放置书名、文种等直观标志。

⑥ 正、背面套合准确。

⑦逐色次分别放置边标，正、背面边标须在相对的两边分别放置。

三、印刷流程及工艺

1. 基本术语

(1) 印刷材料：是印刷生产中使用的承印物和其他材料的总称。

(2) 承印物：能接受油墨或吸附色料并呈现图文的各种物质。

(3) 单张印刷：以单张纸或其他单张材料为承印物进行印刷。

(4) 卷筒印刷：以卷筒纸或其他卷筒材料为承印物进行印刷。

(5) 单色印刷：一个印刷过程中，只在承印物上印刷一种墨色。

(6) 多色印刷：一个印刷过程中，在承印物上印刷两种及两种以上的墨色。

(7) 过废页（或过轮纸）：单张纸印刷机事先用一定数量的废页进行印刷，以调整墨色或机器、印版。

(8) 翻版印：单张纸单面印刷机印完第一面后，印刷第二面时印版不需更换。

(9) 套版印：单张纸单面印刷机印完第一面后，印刷第二面时需更换第二组印版。

(10) 双面印：用两块不同的印版，在同一承印物上同时完成正面和反面印刷。

（11）套色顺序：在多色印刷中，按一定的颜色顺序将分色版依次套印在承印物上的颜色顺序。

（12）折标：印刷在书帖最外层折缝上供装订配帖时检查用的标记。

（13）色令：平版印刷计量单位。以对开纸1000张印一色为一色令。

（14）胶印故障：在胶印过程中，影响印刷正常进行或印品质量缺陷的总称。

（15）条痕：出现在网纹平面上与滚筒轴向平行的条状印痕，属胶印印品故障。

（16）糊版：由于印版图文部分溢墨，造成承印物上的印迹不清晰，属胶印印品故障。

（17）网点增大：承印物上网点面积比印版上相应部分的网点面积增大。

（18）拉毛：印刷过程中，因油墨太黏或纸张表面强度差导致纸张纤维、填料或涂料从纸张表面脱落或被拉掉。

（19）套印不准：在套色印刷过程中，印迹重叠的误差。

（20）重影：在印刷品上同一色网点、线条或文字出现的双重轮廓。

（21）背面粘脏：在承印物上的印刷油墨，粘在另一印张的背面，造成蹭脏。

（22）透印：印在纸张上的图文在背面可见。

2. 现代主流印刷术——胶印印刷流程

输入胶（分色）片——拼（大）版（画台纸、分版、摆版、定位、固定、正、背面套合检验）——晒版（定位、曝光、冲版、修版、烤版）——上版（调整规矩尺寸、套准、调整墨色、水墨平衡）——印刷（开印样张由授权人签字，按设定间隔或数量进行印刷过程监测，如发现作业差异进行纠正和故障排除）——检验（质量检验：色数齐全、套印准确、墨色一致）——输出印页。

四、印后加工工艺

印后加工是使印刷品获得所要求的形状和使用性能的生产工序，例如装订。

1. 印后零件加工

印后零件加工是指对单张印页的再加工，而不涉及印页间相互关系，如表面整饰，它是在书籍封皮或其他印刷品上进行上光、覆膜、擦金、烫箔、压凹凸或其他装饰加工的总称。

（1）覆膜是以透明塑料薄膜通过热压覆贴到印刷品表面，起保护和增加印刷品光泽的作用。塑料薄膜有亮光膜和亚光膜之分，给设计者配合印刷品的内容提供了选择空间。近年还发明了开窗覆膜工艺，即局部不覆膜。

（2）上光是在印刷品表面涂上（或喷、印）一层无色透明涂料，干后起保护和增加印刷品光泽的作用，上光所用的涂料有亮光和亚光之分。近年兴起UV上光，有全面上光和局部上光两种工艺。

（3）压光是把有涂层的印品通过滚筒滚压增加光泽。

（4）烫箔是以金属箔或颜料箔，通过热压转印到印刷品或其他物品表面上，以增强装饰效果。

（5）凹凸印是用凹凸两块印版，把印刷品压出浮雕形状的加工。

（6）压痕是利用钢线通过压印，在纸片上压出痕迹，或留下供弯折的槽痕。

（7）压纹是预制不同纹路或图案的滚筒，按设计要求选用其中一种，并将其压印到承印物上的工艺过程。

（8）打孔/打龙是按设计要求，选用不同直径、形状的模具，在承印物上冲压出孔洞。

（9）模切是以钢刀排成模（或用钢板雕刻成模）框，在模切机上把纸片轧切成一定形状的工序。

（10）裱合是为增加产品的厚度、韧性、保温、避光、防漏等功能，将两张及两张以上的承印物黏合在一起的工艺过程。

（11）折页按设计要求和设备、工艺、承印物的可能条件，可以有多种方式，如一折两页、两折四页、三折六页、三折八页、四折十六页、滚折四页、滚折八页等，可以通称为 X 折 Y 页。

（12）擦金是以一定的浆料印好字迹或图案，趁其未干敷上金黄色金属粉末任其黏附后，把多余的粉末擦刷去，呈露金色的文字或图案。多在请柬或贺卡等产品上使用。

2．印后装订加工

（1）装订基本术语。

平装：书籍常用的一种装订方式，以纸质软皮为特征。

精装：一种书籍装订方式，以装潢讲究和耐折、耐保存的装饰材料作封面为特征。

胶粘装订：书帖或书页完全靠黏合剂黏合的装订方式。

锁线订：将配好的书帖逐帖用线串钉成书芯的装订方式。

骑马订：用金属丝从书帖折缝中穿钉的装订方式。

铁丝平订：以铁丝在书芯的订口边穿钉的装订方式。

线装：中国传统的装订方式，用线把书页连封皮装订成册，订线露在外面。

螺旋装：把打好孔的单张散页用一根螺旋形的金属丝或塑料条穿在一起的装订方式。

三眼订：在书籍的订口边上打上三个小洞，穿线结牢的一种装订方式。

卷轴装：将印页按规格裱装后，使两端黏结于圆木或其他棒材轴上、卷成束的装帧方式。

经折装：将印页裱接后，按一定的尺寸向左右反复折叠，并粘贴封面、封底的装帧方式，由于始用于唐代梵宫的佛经的装订而得名。

蝴蝶装：将单面印有图文的印页对折，然后把折缝粘连成书册的装订方式。

塑料线烫订：将塑料线与纱线混合线连接书帖形成外角，经加热后使线熔融将各帖连接的装订工艺。

活页装：以各种夹、扎、粘等方式将散页连在一起的装订方式。

书芯：指书籍封皮以内或未上封皮之前已订在一起的书帖及环衬等。

书帖：按页码顺序折叠成帖的书籍印张。

书名页：书芯的第一页，载有书名、作者和出版单位等内容。

订口：书页装订部位的一侧，从版边到书背的白边。

切口：书页（线装书不在内）除订口外的其他三边。

环衬：连接书芯和封皮的衬纸。

书背：书刊封面、封底连接的部分。

毛本：三面未切光的书芯。

光本：三面切光的书芯。

堵头布：贴在精装书芯背脊天头和地脚的两端的特制物。

封皮：书刊的外层，包括封面、封底和书背。

书壳：精装书籍的外皮。

书槽：精装书壳的封面、封底与书背连接部分被压下的凹槽。

包角：以某种材料包裹书壳的四角。

飘口：精装书壳超出书芯切口的部分。

书腰：精装书壳封一与封四的连接部分。

中径：精装书壳封二与封三之间的距离。

护封：套在书籍封面外面印有书名和装饰性图案的封套，也称为外包封。

勒口：书籍封皮沿书口向里折叠的部分。

折页：将印张按照页码顺序折叠成书刊开本大小的书帖，或将大幅面印张按照一定要求折成一定规格的幅面。

配帖：将书帖或单张按照页码顺序配集成册的工序。

烫背：将包本后的平装书籍书背烘干、烫平。

双联装订：两本相连在一起的毛本的装订工艺。

扒圆：圆脊精装书在上壳前，先把书芯背部处理成圆弧形的工序。

起脊：精装书在上壳前，把书芯用夹板夹紧压实，在书芯正、反两面接近书脊与环衬连线的边缘处压出一条凸痕，使书脊略向外凸起的工序。

（2）装订分类。

装订是对印页进行组合的各种加工方式。其分类依组合方式、连接材料的不同而界定。

①按印后加工形式分为精装产品、平装产品、骑马订装产品、古线装产品和其他印后加工产品。

②按最终产品分为图书装订、期刊装订、报纸装订和其他装订。

③按出版和印刷要求分为精细产品和一般产品装订。

（3）装订适性——折手。

① 常用折手与原纸裁切方法。

一般的折页机常用的折页方法有 4P、6P、8P、12P、16P、24P、32P；$80g/m^2$ 以上书写纸、$115g/m^2$ 以上铜版纸或亚粉纸，由于纸张较厚，不能用 24P 或 32P 折页，实际应用中要采用 12P 或 16P 来替换。

例如：16 开本，$180\sim200g/m^2$ 的纸张一般可作一折两页折手，$157g/m^2$ 的纸张可作两折四页或三折八页折手。$157g/m^2$ 及以下定量的纸张一般可作三折八页折手，如果是锁线装订的书，要做套和折手，并视定量不同确定套合次数。如图 2-1 所示。

10 开本，$180\sim200g/m^2$ 的纸张一般可做一折两页折手，$157g/m^2$ 及以下定量的纸张可按图 2-2 做一个滚折四页加一个三折六页折手，也可按图 2-3 做三个一折两页加一个两折四页折手。如果是锁线装订的书，要做套和折手，并视定量不同确定套合次数。

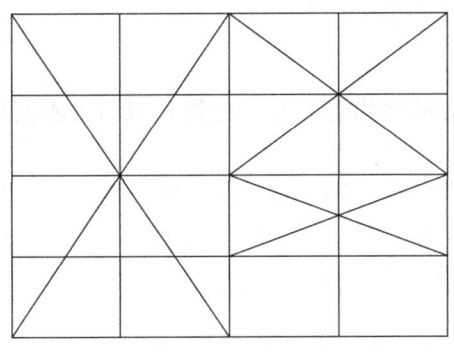

图 2-1　折手示意图 1

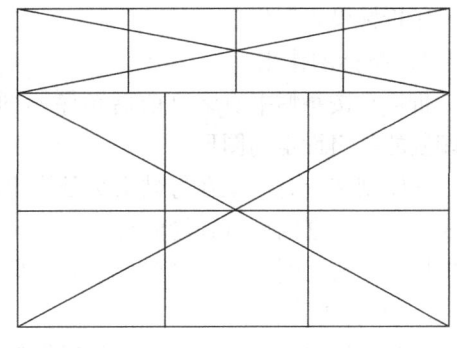

图 2-2　折手示意图 2

② 制作折手的依据。

A. 开本与原纸。开本与原纸的倍数关系，一般均设计为 2 的 n 次方，即 4 开、8 开、16 开、32 开、64 开等，这时折手可以设计为二折四页、三折八页、四折十六页，其中 32 开、64 开、128 开的也可以设计为双联。如果设计的开本尺寸与已有原纸的倍数关系不是 2 的 n 次方时，可以有两种选择：一种是，如果用纸量较大，达到纸厂改规矩的起码数量，可以请纸厂按新增的原纸尺寸（与开本尺寸仍是 2 的

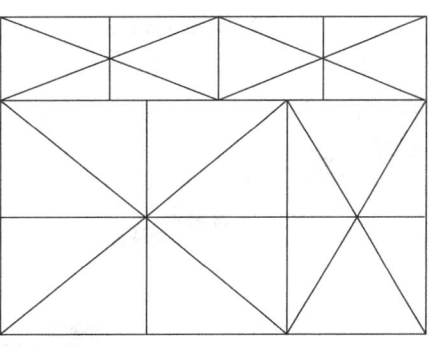

图 2-3　折手示意图 3

n 次方关系）生产；另一种是，如果用纸量达不到纸厂生产的起码数量，只能凑合使用现有规格的纸张，那就会出现 6 页一帖的折手，或把 6 页拆分成（2+4）页，还会出现滚折页。这种选择实际加工比较困难，加工费也要高一些，这也是真正意义上的异型开本。

B. 照排机、印刷机、折页机作业幅面。上述机种均有 8 开、6 开、4 开、对开之分，如用小幅面机器作业，就要把整个折手拆分作业，第二步作业时，再套合在一起。

C. 折页机（含轮转折页机）的折转方式。有的只有正折一种方式，有的可以正反折，还有的可以手风琴式折叠，在设计折手时都要事先了解清楚，按设备的要求设计。

D. 纸张厚度。一般来说，纸张越薄，每一折手的页数应当越多。如 $200g/m^2$ 的纸张，一个折手最多设计为 4 页，$60\sim157g/m^2$ 的纸张可以排成 8 页，$40\sim55g/m^2$ 能折为 16 页，$40g/m^2$ 及以下可以做成 24 页。

E. 装订方式。骑马订的书一律要设计成套帖，胶订的书必须做成配帖，锁线的书刊则可以根据纸张厚度决定安排为套帖或配帖。精装的圆背书，如用 $70g/m^2$ 或 $80g/m^2$ 的纸，一般应设计为单 8 页配帖。

F. 零页的处理。零页即零印张，不能安排在书的两头。一般书设计为独立的一帖，高档书要作为套帖。

③ 折手与拼版。

拼版规矩要统一。建议一般西式翻身的书刊统一以天头为规矩，即头对头拼版，而中式翻身的书刊则以地脚为规矩，即脚对脚拼版。

④折标设置知识。

A. 折标的作用。

折标是按每帖书页装订前后顺序不同,在书帖背部或天头(地脚)双口处不同位置印制的一组设定的图形。

在印刷装版时,就在每帖书页处设定的不同位置,拼上预制好的图形标记,待配页完成后,即全书的后背处检验标记的正确性,从而确定书芯顺序的正确性,图形标记就是折标。实践证明,折标是确保书刊前后顺序正确的最简捷的标志。

B. 折标的设置。

折标的设置原则有三条:一是确保折标和书帖对应的唯一性,二是易于检验,三是不影响成书的质量。

折标一般为 2.5mm×6mm 的矩形实地色块,一般 5 个为一组纵向无空隙台阶式排列,每组间空一个折标的位置。如图 2-4 所示。

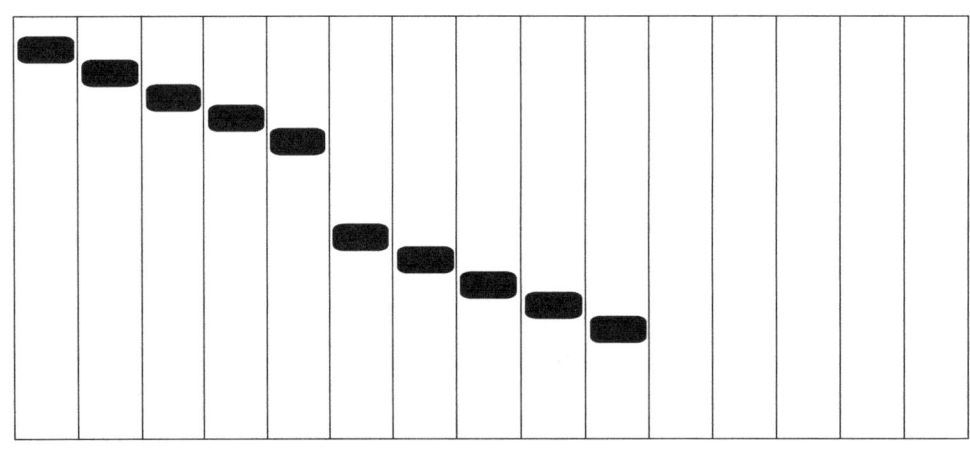

图 2-4　折标位置示意图

无论印在书帖的后背还是天头(地脚)双口处,折标的中线都要和后背、双口折线重合,以保证在胶订或裁切成品书时,能把折标完全切除,不留任何痕迹。

骑马订书刊一般要两帖以上才印折标。折标应拼在书帖天头(地脚)双口处。

胶订的书刊,如果用联动机装订,由于配页、包本、裁切是连续动作,无法从后背处查验折标,折标要印在书帖天头(地脚)双口处。如果用圆盘胶订机作业,须经过配页工序配帖,则可将折标拼在书帖的后背处。如果在印刷时尚未确定使用哪种机器装订,则可以在书帖的后背和天头(地脚)处均印制折标,做到双保险。

锁线装订的书刊,一般在书帖后背处印制折标,如果是套帖,则要在外帖后背和内帖天头(地脚)处均印制折标。按国家新闻出版总署检测中心的规定,画册类图书不准在书帖后背处印制折标,只好在书帖的天头(地脚)处印制折标。

第二节　印刷材料

【任务】正确认识印刷材料基础知识在业务员与客户交流中所起到的重要作用;同

时，材料基础知识也是成为一名合格印刷业务员所应具备的基本业务知识。

【分析】教师从印刷材料是形成印刷成本的主要依据引出本节课的内容，纸张的计量单位和计算及纸张材料加放量的计算是本节课的重点。

一、纸张

1. 印刷常用纸张及其用途

（1）新闻纸：是报纸的主要用纸，在我国出版物用纸中用量最大。定量一般是（48～52）$g/m^2 \pm 2g/m^2$。

（2）凸版纸：适用于一般著作、科技图书、学术刊物和大中专教材等正文用纸。定量一般是（45～60）$g/m^2 \pm 2g/m^2$。

（3）书写纸：适用于一般著作、科技图书、学术刊物和大中专教材等正文用纸。定量一般是（55～70）$g/m^2 \pm 2g/m^2$。

（4）胶版纸：有单面和双面之分，是重要书刊的正文，彩色画报、画册、宣传画、彩印商标及一些书籍的封面、插图等。定量一般有 $50g/m^2$、$55g/m^2$、$60g/m^2$、$70g/m^2$、$80g/m^2$、$90g/m^2$、$100g/m^2$、$120g/m^2$、$140g/m^2$、$150g/m^2$、$180g/m^2$。

（5）铜版纸：有单面和双面之分；有光和亚光之分。用于印刷画册、封面、精美样本以及彩色商标。定量一般有 $70g/m^2$、$80g/m^2$、$90g/m^2$、$100g/m^2$、$105g/m^2$、$128g/m^2$、$157g/m^2$、$180g/m^2$、$200g/m^2$、$210g/m^2$、$250g/m^2$、$300g/m^2$、$350g/m^2$。

（6）轻涂纸：是我国印刷业近年来开始使用的纸张品种。主要用于期刊、一般画册、广告宣传品等产品。定量一般有 $65g/m^2$、$70g/m^2$、$80g/m^2$、$90g/m^2$、$100g/m^2$、$120g/m^2$。

（7）字典纸：主要用于字典、辞书等大型工具书和小型袖珍书。定量一般有 $28g/m^2$、$35g/m^2$、$40g/m^2$、$45g/m^2$。

（8）书皮纸：书籍封面用纸。造纸时加了颜料，有灰、蓝、米黄等颜色。定量一般有 $80g/m^2$、$100g/m^2$、$120g/m^2$。

（9）压纹纸（特种纸）：主要用作精装书的封面和环衬及请柬和邀请函。定量一般有 80～$210g/m^2$。

（10）白板纸：有白底白板和灰底白板之分。主要用途是印刷和制作包装盒等包装装潢产品。定量一般有 $200g/m^2$、$220g/m^2$、$230g/m^2$、$250g/m^2$、$290g/m^2$、$300g/m^2$、$350g/m^2$、$400g/m^2$。

（11）牛油纸：质地紧密，半透明，不易平服，多贴于肖像上面，既透明又起保护作用。印刷、装订均较困难。

（12）牛皮纸：主要用于书刊成品的包装、档案袋、信封等产品的印刷。定量一般有 $60g/m^2$、$70g/m^2$、$80g/m^2$、$90g/m^2$、$100g/m^2$、$120g/m^2$、$150g/m^2$。

（13）合成纸：俗称撕不烂，可以防水，主要用于名片等产品。

（14）不干胶纸、无碳复写纸、铝箔复合纸等。均用于包装装潢产品。

（15）水松纸：主要用于卷烟。

2. 纸张的计量单位和计算

（1）单张纸印刷用纸量的计算。

①正文纸张计量单位。目前出版、印刷界计量平板纸的单位为令、方。在日常生活

中，我们使用的纸张计量单位一般都是张，出版、印刷界把500张全张纸定义为1令，把一张对开纸定义为1方。这样1令纸就等于1000张对开，即1000方。一张对开纸印刷两面或一张全张纸印刷一面，就定义为1个印张。

②正文印张数的计算。正文印张数的计算公式为：

印张数 = 正文面数/该书的开本数（暗码也要计入面数中）

图书开本是指一本书幅面的大小。是以整张纸裁开的张数作标准来表明书的幅面大小的。把一整张纸切成幅面相等的16小页，叫16开，切成32小页叫32开，以此类推。由于整张原纸的规格不同，切成的小页大小也不同。把787mm×1092mm的纸张切成16小张叫小16开。把850mm×1168mm的纸张切成16小张叫大16开，以此类推。

③书刊正文用纸量的计算。正文用纸量的计算公式为：

纸张实用数量（令）= 册数（客户订货数字）× 印张数 ×（1 + 纸张加放率）/1000

加放，又被称为伸放数、损耗或废量，就是除了印刷、装订需要的成品数量以外，再加的数量，主要用于印刷、装订过程中的耗损，从而确保印刷成品的数量。可以用绝对量表示为若干单位，如××张、令、方、米等，即称为加放量，也可以用相对数（百分比）表示，即称为加放率。加放率是指每个印刷色次的加放比例。如一个颜色两面印，加放率就要加倍；四个颜色一面印，加放率就要乘以4；四个颜色两面印，加放率就要乘以8，依此类推。

例 某册书，大16开，文字320P、书写纸、双面单色印刷，彩插32P、105 g/m² 铜版纸双面四色印刷，订数5000册，印刷加放率为每色9‰，装订加放率14‰。计算总用纸量。

解： 书写纸实用量 = 5000 ×（320/16）×（1 + 9‰×2 + 14‰）/1000 = 103.2 令，合51600张。

105 g/m² 铜版纸实用量 = 5000 ×（32/16）×（1 + 9‰×8 + 14‰）/1000 = 10.86 令，即10令86方。

（2）卷筒纸印刷用纸量的计算。

卷筒纸一般以吨和千克为计量单位，可以换算为令进行计量。常用定量卷筒纸的出纸率如表2-1所示，供参考。

表2-1 常用定量卷筒纸的出纸率

参数/（g/m²）	787mm×1092mm	850mm×1168mm	880mm×1240mm	889mm×1240mm
40	50 令/吨	42.5 令/吨	41 令/吨	40.5 令/吨
45	45 令/吨	37.5 令/吨	36.5 令/吨	36 令/吨
50	41 令/吨	34 令/吨	33 令/吨	32.5 令/吨
51	40.5 令/吨	33.5 令/吨	32 令/吨	32 令/吨
52	40 令/吨	33 令/吨	31.5 令/吨	31 令/吨
55	38 令/吨	31 令/吨	30 令/吨	29.5 令/吨
60	34.5 令/吨	28.5 令/吨	27.5 令/吨	27 令/吨
70	29.5 令/吨	24.5 令/吨	23.5 令/吨	23 令/吨
80	26 令/吨	21.5 令/吨	20.5 令/吨	20 令/吨

(3) 零件用纸的计量单位和计算。计算单页印刷品、封面等零件印刷品的用纸，有两种方法：

①当零件幅面和开本尺寸基本一致时，可以使用同正文一样的印张法进行计算。

如某32开书的彩色（四色双面印刷）插页为16个页码，客户订数为7700册，加放率为每色9‰，装订加放率为11‰。

则该插页实用纸张数量 = 7700 × （16/32）× （1 + 9‰ × 8 + 11‰）/1000 = 4.170令，即4令170方，合2085张。一般不发放半张纸，如果计算结果有小数将计算结果小数点后的第三位数字，一律进位、修正为偶数。

②当零件幅面和开本不一致时，使用开数法进行计算。所谓开数，是指一张原尺寸的纸张所能够裁切出的一份零件的份数。当然还要考虑印刷机器幅面的限制，进行修整后才能最后确定。比如某零件按尺寸可以在原纸上裁切出7份，即7开，但是要使用对开机印刷，就只好在每张对开纸上安排3份了。计算纸张开数时，就只能按3×2=6开了。

开数法的计算公式为：

纸张实用数量（令）=［册数（客户订货数字）/ 该种零件开数的一半］×（1 + 纸张加放率）/1000

例　某大32开书的彩色（四色双面印刷）封面，样张的展开面积为209mm×450mm。经过综合考虑确定使用787mm×1092mm的纸张按对开出3份印刷，客户订数7700册，加放率为每色9‰，装订加放率11‰，计算用纸量。

解：封面实用纸数 = ［7700/（6/2）］×（1 + 9‰ × 8 + 11‰）/1000 = 2.780令，即2令780方。

那么，零件开数是如何综合确定的呢？

A. 确定单个封面或零件的尺寸，关系到书背厚度的计算与设计。

从理论上讲，一本书的书背厚度一般就等于这本书的厚度。书的厚度应当等于该书所有书页厚度之和。

书脊厚度 = （总面数÷2）× 一张纸的厚度值（1页=2面）

如果用两种以上的纸张印刷，就用上述公式把各种纸张的厚度计算出来，然后把各种纸张厚度相加即可。

例如：1本正32开书的总面数是620面，用60克双胶纸印刷，纸张厚度0.075mm，则书脊厚度 = 620÷2×0.075 = 23.25mm。

B. 印刷、装订工艺需要的加留白边的尺寸要加上，如十字线、角线、边标记、印刷叼口、覆膜叼口等。

C. 印刷机允许使用的纸张幅面。

D. 结合比较大度、正度纸张和印刷费用。

经过以上综合考虑才能最后确定使用纸张的尺寸和开数、开法。这是印刷业务员需要熟练掌握的核心技术之一。

③单页印刷品用纸的计量单位和计算。

纸张实用数量（令）= 成品数量（客户订货数字）/成品开数 ×（1 + 纸张加放率/印刷开数容纳数）/500

例 某产品宣传单,大16开,成品数量20000张,105 g/m² 铜版纸双面四色印刷,印刷加放率为每色9‰,用对开机印刷。计算总用纸量。

解:纸张实用数量(令)= [(20000/16)×(1+9‰×8/8)]/500 = 2.52令。

3. 纸款的计算

① 公式1:总纸款 = 纸张实用数量(令)×纸张单价(价格/令)

② 公式2:重量(长×宽÷2)= 定律:大度0.531重量,正度0.43重量。

计算方法:总纸款 = 重量(定律)×克数×吨价÷500张÷开数×印数×11‰损耗

例1 有一客户印5000张大16开,157g/m² 双铜纸,求纸款是多少?

由公式,总纸款 = 重量(定律)×克数×吨价÷500张÷开数×印数×11‰损耗

总纸款 =(0.531×157×7500)÷500÷16×5000×11‰ = 4300(元)。

例2 有一客户印700本说明书,用60g/m² 国产纸,每本用20张正度16开纸(含封面),求纸款是多少?

由公式,总纸款 = 重量(定律)×克数×吨价÷500张÷开数×印数×11‰损耗

总纸款 =(0.43×60×5500)÷500÷16×(700×20)×11‰ = 2732(元)。

4. 纸张使用的优化

一定周向尺寸的卷筒纸张可以在不同幅面的轮转机上使用,可以提高纸张的利用率,降低价格,还可以使产品开本多样化、丰富化。

两种规格印刷、装订用纸可以搭开、不对称分切。比如一本书有部分版面在叨口方向出血,印刷这部分印张时使用的纸张就可切大一些,小一些的纸张可以印刷没有出血版的部分印张时使用。

在条件允许的前提下,原纸可以少光边或不光边,以扩大使用面积。

此外,对于不规则开数(俗称"偏裁")的优化,在实践中我们更要仔细加以计算和分析,以便更好地降低成本。

例如:成品尺寸是230mm×200mm,应选用哪种规格的纸进行裁切才能使成本最低?

①用大度纸规格为889mm×1194mm可以这样开纸。

1194÷23 = 5刀(20开),889÷20 = 4刀(20开);(见图2-5)

1194÷20 = 5刀(15开),889÷23 = 3刀(15开)。(见图2-6)

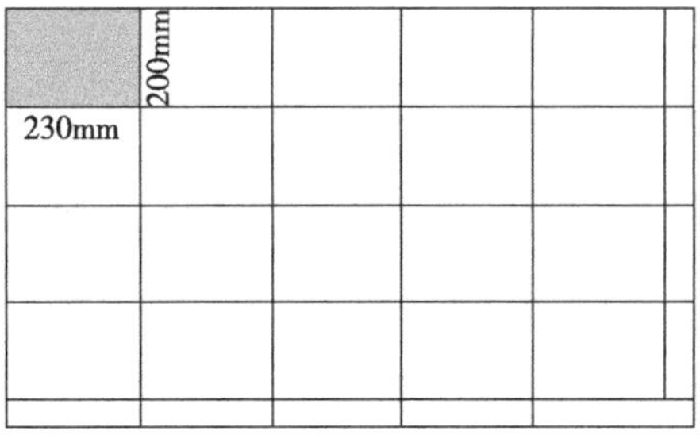

图2-5 889mm×1194mm规格纸的开法(1) 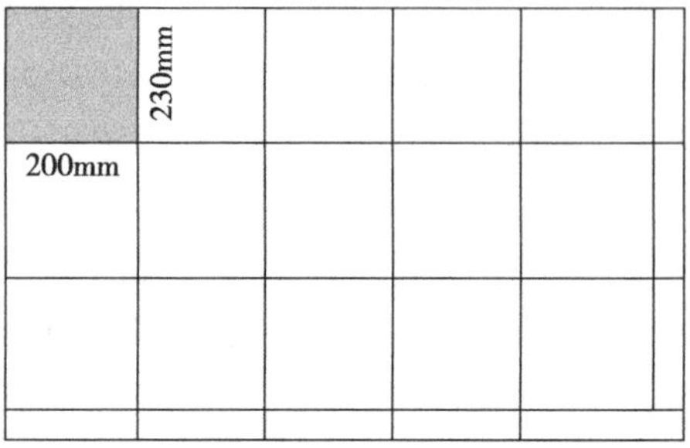　　**图2-6** 889mm×1194mm规格纸的开法(2)

②用正度纸规格为787mm×1092mm可以这样开纸。

1092÷23＝4 刀（12 开），787÷20＝3 刀（12 开）；（见图 2-7）
1092÷20＝5 刀（15 开），787÷23＝3 刀（15 开）。（见图 2-8）

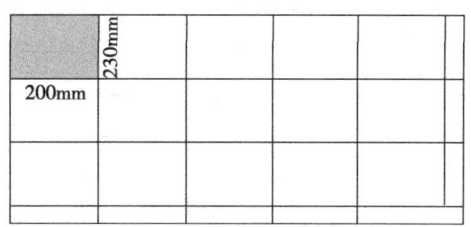

图 2-7　787mm×1092mm 规格纸的开法（1）　　图 2-8　787mm×1092mm 规格纸的开法（2）

即大度纸可以裁成 20 开的或 15 开的，正度纸可以裁成 12 开的或 15 开的。

③单价比较［如用 80g/m² 双胶纸 7150 元/吨，通过计算得出，正度 0.49 元/张，大度（889mm×1194mm）0.61 元/张］

大度：20 开 0.61÷20＝0.031（元），15 开 0.61÷15＝0.041（元）；

正度：12 开 0.49÷12＝0.041（元），15 开 0.49÷15＝0.033（元）。

因此，通过上述计算结果来比较，应选用大度纸且开成 20 开作印刷纸张。

5．印刷耗材使用的优化

（1）油墨与产品的优化搭配。比如某产品只需要强调某一个颜色，就可以单独为某个颜色使用好墨，其他颜色使用一般油墨。这可以减少高档油墨的使用量，降低总体成本。

（2）油墨与纸张的最佳搭配。综合考虑吸墨性、表面亮度、蹭脏、透印等因素。

（3）不同档次产品与版材的搭配。比如，进口版材可以在精细的印刷中使用，国产版材则可以用于一般产品的印刷，再生版可以在打样和印刷短版产品中使用。这样的搭配可以使总体成本降低。

二、纸张材料的加放量

纸张材料的加放量合理与否，直接影响到出版、印刷双方在价格方面的利益，双方必须就此达成共识。印刷、装订的加放率如表 2-2、表 2-3 所示。

表 2-2　胶印书刊印刷、装订的加放率（仅供参考）

印数/万	加放率/‰	
	印刷（每色）	装订
0.5 以下	9	15
0.5～1	9	14
1～3	9	13
3～5	9	12
5 以上	9	11

说明：①印刷加放每色不足 50 张，按 50 张计。

②装订数不足 2000 按 2000 计。

③45g/m² 以下薄纸另议。

表 2-3 彩色印刷、装订的加放率（仅供参考）

印数/万	加放率/‰			
	印刷（每色）	装订		
		期刊封图	图书封衬	其他
0.5 以下	9	9	14	9
0.5~1	9	8.5	14	8.5
1~3	9	8	13	8
3~5	9	7.5	13	8
5 以上	9	7.5	13	7.5

说明：①印刷加放每色不足50张，按50张计。

②装订数不足2000，按2000计。

1. 整印张的加放

为直观地说明这一问题，仅向出版、印刷界同人提出以下简算方法，供参考。

（1）将某产品的客户订货数字定义为册数。

（2）将该产品经印刷机印出的数量定义为印数。

① 印数等于或小于3000时，每色加放数即为50张。

② 印数大于3000时，可直接用印数和加放率相乘。

（3）单联印刷时，册数即印数，如果是多联印刷只需用册数除以联数，再看得数是等于、小于还是大于3000，然后按结论确定计算方法。

（4）在实际运算中，50张的计量单位"张"不一定是指一张未分切的原来大小的纸张，而是指印刷机印刷时实际使用的纸张，如6、4、3、2、全开等。

举例试运算：

一个封面，8开，4色，印数5万，对开机（4联）印。

则加放：5万/4 = 1.25万，大于3000，按正常加放 12500 × 4（色）× 9‰（加放率）= 450 方。

2. 零印张的加放

这里需要明确两个概念，出版印张与装版印张。

一是出版印张，就是我们在书的版权页上见到的印张数，如1.125、1.25、1.375、1.5、10.75、0.875等。凡是小于1的部分统称为零印张。

二是装（上）版印张，是指印刷机装了几次版。装版零印张数只能是整数且大于出版零印张数。如0.5、0.125、0.25等零印张分别是一个装版印张，而0.375、0.625、0.75须各分为0.125 + 0.25、0.125 + 0.5、0.5 + 0.25 两次装版，故分别是两个装版印张。0.875须分为0.125 + 0.25 + 0.5 三次装版，故是三个装版印张。

这两个概念的区别与计算印刷加放数直接相关，出版或委印单位在计算加放时，有的只把零印张按常规计算，这是不符合生产的实际状况的。

假设一本书的零印张为0.875，印数为8000，单色两面平印。计算加放时就要把0.875分为0.5、0.25、0.125 三个装版印张分别计算，每色的加放率为0.009。则有：

0.5印张的加放数 a = 8000 × 0.5（印张）× 2（色）× 0.009 = 72 方

0.25和0.125印张2次装版印刷，其实际印数均低于3000，即每色加放50张。

则有：

0.25 和 0.125 印张的加放数 b = 50 × 2（色）× 2（次装版印刷）= 200 张，如果使用对开机印刷，即为 200 方。该产品零印张的加放数 = 72 + 200 = 272 方。

可以得出正确结论，即零印张的印数超过 3000，加放按常规计算。不足 3000，其加放则必须按 50 张计算。

3．胶印彩色加放率在实践中的调整

胶印彩色加放率的规定，只有一个档次，即每色 0.9%。为节约资源，降低总价格，建议进行两方面的调整和细化：一是长版产品适当降低加放率；二是短版产品一定要执行最低加放 50 张的规定，特殊产品如实地、平网、特种纸等，还应加大加放率。

三、纸张材料采购的优化

1．质量第一

采购纸张、材料订货的前提，就是确认样张，以满足出版或委印单位客户的要求，以免发生质量纠纷，影响价格和回款。建议供纸方常备各种标准样张，如果有变化一定即时更新。

重要的、紧急的或大宗的产品，最好选用成熟的品牌厂家为供货商，以增大保险系数。运作一般产品时，再考虑照顾和支持其他供货商，其采购任务，一定要委托有此项专长、能胜任的同志负责，即使要打破常规职责或破格使用，甚至是临时调整指挥关系，也要去做。

2．客户服务好

纸张供应商应当承诺，遇有纸张问题，造纸厂以最快速度给予解决，绝不耽误印刷厂的生产，不增加印刷厂在费用方面的损失。

3．纸张的利用率高

（1）仔细核算尺寸。在满足使用需要的前提下，尽量缩小尺寸，以提高纸张的利用率，降低价格。

（2）码放误差最小。因为订购纸张尺寸未考虑过大的余量，如果误差较大，将无法使用。这就是细节决定成败。这些数据或指标如果关系重大，就一定要慎之又慎，千方百计落到实处，必要时要求供纸方出具书面文件为凭。

（3）购纸加放量的处理。为了保证订货数量的准确，在报价时，就应当按标的书的具体册数和印张及新闻出版总署规定的加放率逐本计算。但因为现在不少单位均实行零（差异）配送，加之纸厂生产的每批纸的颜色总不会完全一致，为保证纸张够用尤其是可能的补版用纸的颜色一致，还要适当多购进一些。

（4）价格尽量求低。长期、集中一家供货商进货，较为方便，也可以砍价。一次性进货总量多，可以要求给予折扣。

习 题

1. 理解并掌握印前工艺的基本术语。
2. 理解并掌握印刷工艺的基本术语。
3. 理解并掌握印后工艺的基本术语。
4. 拼合版有哪些具体要求？
5. 制作折手有哪些依据？
6. 叙述折标的设置及作用。
7. 印刷常用纸张有哪几种？介绍铜版纸和胶版纸的用途。
8. 请写出正文印张数的计算公式。
9. 请写出正文用纸量的计算公式（印张计算法和开数计算法）。
10. 请写出书脊厚度的计算公式。
11. 某册书，大32开，文字640面、胶版纸，彩插96面、105 g/m² 铜版纸双面四色印刷，订数3000册，印刷加放率为每色9‰，装订加放率14‰。计算总用纸量。
12. 某杂志社要印一本期刊，大16开，内文共96面，用70g/m² 双胶，单黑色印刷；封皮用128g/m² 铜版纸，双面四色印刷。印刷加放率为每色9‰，印数不足3000册按每色50张加放；装订加放率14‰。计算总用纸量。

①如果印1500册分别需多少令纸？

②如果印6500册分别需多少令纸？

13. 某公司要做一本24开的样本，准备印10000册，总计100面，封皮双面四色，用200g/m² 铜版纸，内文用128g/m² 铜版纸，胶订。印刷加放率为每色9‰，装订加放率14‰。计算总用纸量。
14. 某大16开书的彩色（双色双面印刷）封面，样张的展开面积为195mm×540mm，经过综合考虑确定使用787mm×1092mm的纸张，按对开出4份印刷，客户订数9830册，加放率为每色9‰，装订加放率11‰，计算用纸量。
15. 一本书的印张为10.625，印数为6000，双色两面平印。每色的加放率为9‰。求这本书的加放量是多少令？
16. 一本书的印张为8.75，印数为5000，四色两面平印。每色的加放率为9‰。求这本书的加放量是多少令？

第三章

印 前 计 价

应知要点：
1. 掌握照排计价的方法。
2. 掌握制版计价的方法。

应会要点：
1. 重点掌握汉文排版的计价内容。
2. 重点掌握彩色连续调和非连续调原稿的计价内容。

印前是印刷之前处理过程的总称，印前是指出版物从初始构思，到印刷之前所涉及的全部过程。印前由原稿图文输入、版面编辑、拼版和制版等部分组成。其加工过程大致就是依据出版社或委印单位审定的原稿，经印刷厂加工和出版社或委印单位批样后输出阳图胶片。随着计算机技术的飞速发展，数字印刷技术已被广泛应用，由此必然引起印前计价过程和计价项目的调整，例如 CTP（直接制版机）的普及，即如果使用 CTP 制版印刷，在印前计价的项目里就应省去了胶片费用。制作印版时直接把电子文件转移到版材上，而这部分费用通常计算到印刷费里（见本书第四章）。

在传统印刷时期，印刷用版的制备起点是出版社或委印单位交付的原稿，经过印刷厂整稿、录入、扫描、制作、打样、改样、拼版等加工，终点是出片、打样。即胶片和清样就是出版社或委印单位收到制版阶段的完成品。按加工对象分为单色和彩色制版两个项目，这两个项目大都实行按"P"为基本单位计价。"P"就是英文 Page 的第一个字母，相当于印刷术语中的"面"或者"版"的概念。

委印单位提供的素材即为原稿，原稿的种类包括单色文字稿、线条稿、表格稿、网线稿、彩色原稿等。现就以上这几种原稿进行详细的分析、计算。

按新闻出版总署的部署，十一五期间各地区要研拟新的印刷工价。印刷工价由生产成本和管理成本两部分构成，成本的变化必然会导致工价的变化，不同时期实行不同工价印刷制作，是事物发展的必然规律。变化是绝对的，不变是相对的。现在一些省市仍在沿用十几年前的印刷工价，这是极不正常的现象，有悖价值规律。远的不说，就说近几年物价变化情况，每年物价指数均在 4%~8% 左右增长，如纸张等，上涨幅度更是惊人。在这种情况下，印刷工价要实事求是地应对市场变化，确保工价的合理性、时效性、实用性。因此，对于本教材中提供的印刷工价的指导价格仅供大家参考，同时，由于我国各地区的经济发展水平的差异，印刷工价的指导价格也有所不同，望从事本行业的业务人员在印刷品计价的工作中要以本地区印刷工价的指导价格为准。

第一节 单色制版计价

【任务】正确认识单色制版计价的加工对象，掌握各种文稿的计价方法。

【分析】教师从印刷原稿种类引出本节课的内容，以实物教学的形式来介绍各种原稿形式；汉文排版计价的内容是本节课的重点。

单色制版的加工对象主要是指单色文字稿、线条稿、表格稿、图片等常用的版面内容，这类原稿在印刷原稿种类中占有很大的比例。因此，学好这部分的排版计价对从事出版印刷业务的人员非常重要。

单色制版费计算公式：制版费 = 录入费 + 胶片费（或硫酸纸费）

一、汉文排版计价

纯汉文文字的照排计价（录入费）方法是每P单价与该产品总P数相乘之积或每千字单价与该产品总千字数相乘之积。

印刷工价表实际上就是各省份、各地区印刷企业的收费标准，对于国有企业来说，印刷工价是由各省份、各地区的物价局、印刷行业协会以及印刷管理部门共同规定的，而对于私有企业来说，该印刷工价表只能作为参考，具体报价则依据企业、市场竞争和客户情况灵活机动地掌握。所以，要能够准确地对印刷活件进行报价，了解印刷工价表中的内容以及印刷工价表中所规定的有关条款是非常必要的。汉文排版价格表如表3-1所示。

表3-1 汉文排版计价表　　　　　　　　　　　　　　　　　　　　元（不含胶片费）

项目	计算单位	工价	计算单位（32开）	工价
社会、自然科学类	千字	10.00	面	7.50
古典类（不混排及行间不串排大小字）	千字	10.00	面	9.00
古典类（行间单双行混排）	千字	13.00	面	11.20
字（词）典类	千字	13.50	面	13.50

（1）排版字数以面折算，排五号、小五、六号字均以版面字数按上表单价计算。大于五号字按版面可容五号字数量计算。实际版面字数 = 每行字数 × 每面行数（排大于五号字时，计算字数公式为：可容五号字数 = 版面平方厘米 × 4.76）。页码、书眉、栏线独占一行者，均以一行计，文内图版、空白均不予剔除，图版超出版心者按版心加20%计。全书排字尾数不足一千字者，按一千字计。

（2）零星排版，例如书的封面、内封、插页、版权、提要、拼图等版面字数不易计算者，以表3-2规定字数按自然、社会科学类标准计算：

表 3-2　零星排版字数规定

开数	大 16 开以下	大 32 开以下	大 64 开以下
字数	1600	800	400

例如大 16 开的书，分别有 1 个插页、版权、提要，则这 3 面的字数为 3×1600＝4800 字。

（3）委印单位自备磁盘出胶片者，32 开每面 5 元（如出硫酸纸每面 1 元），如重新进行组版出大样者，32 开每面 7 元（含胶片费），按此标准 16 开加倍，64 开减半。

（4）社会、自然科学类中，均包括文内有不同字体、字号、注文、西文、数码等。文中有一般公式者加价 20%；有叠排公式不足 1/2 面者，按上表工价加价 50% 计；叠排公式在 1/2 面及以上者，按上表工价加 100% 计。文中带插图者加价 10%（词书类除外）。

（5）委印单位要求排繁体字或繁体字稿排简体字者，按上表工价加 20%。

（6）送校样以三次为限，每超过一次按排版工价的 15% 收费。每次送样后，如由于委印单位的原因，造成改动较大或进行串版者，改动版面按全书平均每面价格的 50% 收改版费。

（7）校样每次均送一份，超过者另收工料费：小于 16 开的每面 0.03 元；16 开及以上小于 8 开的每面 0.05 元；8 开及以上的每面收 0.08 元。复印样 16 开每面收 0.15 元；32 开每面收 0.08 元。

例 1　某电脑设计室接到一本自然类中文书稿，版式要求：正 16 开，扉页、版权、编委各占一面，正文每面字数 39×39 字，用五号宋体录入，正文共计 128 面，终校后出胶片（16 开），不拼大版，求这本书的制版费是多少？

计算过程：（用字数计算）

内封、版权、编委这三面的字数 = 3×1600 = 4800 ≈ 5（千字）；

正文的总字数 = 39×39×128 = 194688 ≈ 195000 = 195（千字）；

总计为 5 千字 + 195 千字 = 200 千字；

录入费 = 200 千字 × 10 元/千字 = 2000 元；

胶片费 =（128＋3）×10 元（16 开胶片单价）= 1310 元；

所以这本书的制版费 = 2000＋1310 = 3310（元）。

例 2　一本 32 开的书共有 320P，客户与印刷厂商定的照排价格为 7 元/面，则该书的制版费为 7 元/面×320P＋320P×5 元/面（32 开胶片单价）= 3840 元。

二、外文及中外文对照排版

纯外文及中外文对照的照排计价方法与汉文照排计价大同小异。不同之处是外文照排的计量单位与汉文不同，且各项目的价格水平均高于汉文。

外文照排的计量单位为每行每厘米，其实就是我们通常所使用的公制长度单位——厘米。这是因为，大多数外文字母的宽度是不一致的，所以不能用单个字作为计量单位，只能用每 P 所容纳的字母的总长度作为计量单位。

外文及中外文对照排版价格见表 3-3。

表 3-3　外文及中外文对照排版价格表　　　　　　　　　　　　　　　　　元（含胶片费）

分类	计算单位	俄、英、德、法、日文	
		6~10 磅字	12 磅字
外文排版	每行每厘米	0.037	0.03
中外文对照排版	每行每厘米	0.048	0.04
三种文字对照排版	每行每厘米	0.065	0.05

（1）外文占版面 1/2 以上者，按外文版计算。计算"每行每厘米"按版面可能容纳量计算，空白及图版部分不予剔除，计算方法同汉文排字。

（2）三种文字以上每增加一种语种加价 10%，最多不超过 40%，黑体字、国际音标者各加价 10%。两种或三种文字对照排版均包括汉语拼音。

（3）激光照排外文按表 3-3 工价加 15% 计算。胶片及送校样、复印样等规定与中文排版相同。

例 3　有一本 16 开本的产品说明书（中英文对照版），内文要求：采用 8 磅字录入，行长 12 厘米，每面 26 行，共计 100P。终校后出胶片（16 开），不拼大版，封面另计。求这本书内文需制版费是多少元？

计算过程：

由表 3-3 可知采用 8 磅字录入的单价是每行每厘米 0.048 元；

每面的录入费 = 12 × 0.048 × 26 = 14.976（元）；

总录入费 = 14.976 元 × 100 = 1497.6 元；

胶片费 = 100 × 10 元（16 开胶片单价） = 1000 元；

即制版费 = 1497.6 + 1000 = 2497.6（元）。

三、线条、表格稿排版计价

线条、表格稿排版价格见表 3-4。

表 3-4　线条、表格稿排版价格表　　　　　　　　　　　　　　　　　　元

分类	单位	整版部分/开				非整版部分	
		8	16	32	64	50cm²	cm²
一般简单表格	面	16	8	5	3	2	0.04
竖线、横线俱排的，文字数码占全面积 30% 以下的表格；只排竖线或横线的，文字数码占 70% 以下的表格	面	28	14	7	5	3	0.06
竖线、横线俱排的，文字数码占全面积 30%~50% 的表格；只排竖线或横线的，文字数码占 70% 以下的表格	面	40	20	10	7	3.5	0.07
竖线、横线俱排的，文字数码占全面积 50% 以上的表格	面	45	23	13	7	4	0.08
六号字表格；带复杂公式的表格	面	50	25	14	8	5	0.10

（1）正文表格夹排超过 1/2 以上者，按表格版计，不足 1/2 者，其表格部分按平方厘米加算，以 50 平方厘米起算。

（2）表格用外文排版加价20%，用繁体字排加价10%；

（3）表格内有两条以上斜线加价10%，复杂组织表或元素表加价100%。

例4 有一本16开本杂志共96面，有16面简单表格，12面文字占全面积55%的横、竖线俱排的表格，其余面数均为全面积自然科学类文字稿，每面字数约1000字，终校后出胶片（16开），不拼大版，封面另计。求这本杂志的制版费？

计算过程：

录入费　①16面简单表格 = 16×8元 = 128元

②12面文字占全面积55%的横、竖线俱排的表格

= 12×23 = 276（元）

③余下部分 = （96 – 16 – 12）×1000×10元

= 68×10元 = 680元

即录入费总计 = 128 + 276 + 680 = 1084（元）

胶片费 = 96×10元 = 960元

所以，这本杂志的制版费 = 1084元 + 960元 = 2044元。

四、单色图形和图片的照排计价

在实践中，一般按彩色（4色）图片的1/4计算，具体可以参照本章第二节的彩色制版计价。

第二节　彩色制版计价

【任务】 正确认识彩色制版计价的加工对象，掌握彩色制版计价的方法。

【分析】 教师从印刷原稿种类引出本节课的内容，以实物教学的形式来介绍彩色连续调原稿和非连续调原稿；彩色连续调和非连续调原稿计价的内容是本节课的重点。

制版的加工对象主要是指彩色连续调图片和非连续调图片。

一、平印制版计价（含胶片费；不含打样费）

平印制版计价见表3-5。

表3-5　平印制版计价表　　　　　　　　　　　　　　　　　　　元

分类	计算单位	全开图	对开图	三开图	四开图	八开图	十六开图	二十开图	四十开图
单色阳图网目版	块	85	60	50	40	30	15	13	8
四色分色版	每套	1100	600	450	350	280	140	120	100

表3-5是按每个图片的大小及制作难度两维排列的价格表。在计价实践中，出版社或委印单位与印刷厂之间一般多是以P为单位计价。以每P单价与产品总P数相乘之积作为该产品的制版总价。制版总价由两部分组成，即制作费用和胶片费用。如果是CTP直接制版只收取制作费用。制版总价减去胶片费用即为制作费用，胶片费用的计算

见本节。目前，有些企业也有自己的制作费用价格表，价格表和表3-5相似。

（1）桌面制版以每个图为计算单位，图的面积以表3-5开本尺寸（厘米）为标准，如图的长度或宽度超过表3-5开本尺寸者，按超过后的开本尺寸计。制版小于"四十开图"的按"四十开图"计。

（2）扫描。根据扫描网点线数的多少来报价，300线，0.70元/兆。

（3）图片说明文字，每千字6.00元、打样4.00元、拼版费5.00元。不足一千字按一千字计算。

（4）相同的图一次分色，按拼好后的开本计价，多图版按拼好后的开本每加一图加收10%。

（5）分色版以四色版为标准，三色按75%，双色按50%计。

（6）经典著作、重点及原稿过分复杂，特别废工的产品（如重点年画、年画缩样）加价30%。

例1 一本某市市志彩色版，共计352面（内文），采用正16开本，封皮正反各4色，全部版面设计较简单，求这本市志的制版费为多少？

计算过程：

客户与印刷厂商定的制版加工费为130元/面；

则该书的制版加工费 =（352+4）×130元/面 = 46280元。

二、输出胶片及打样

由于越来越多的出版社或委印单位，甚至作者都在自己进行原稿的制作，因此，在计价项目方面就出现了新的变化。原来的图像制版计价是从出版社或委印单位交付原稿到印刷厂输出阳图胶片的综合计价，依据新的变化，就要把原来的计价项目化整为零。如果出版社或委印单位拿来的是制作完并组好版的电子文件，此时，印刷厂只能收取图像制版计价的胶片费用。

打样是作为制作印版的最后一道工序，是沟通制版和印刷的桥梁。打样在印刷生产过程中具有重要作用，是进行印刷质量管理的一种有效手段，在印刷工艺中具有特殊的地位。如果出版社或委印单位要求打样，在计算图像制版计价时还要把打样的费用加上。

输出胶片及打样价格见表3-6。

表3-6 输出胶片及打样价格表　　　　　　　　　　　　　　　元（不含制作费）

分类	计算单位	全开图	对开图	三开图	四开图	八开图	十六开图	二十开图	四十开图
输出	套	440	220	180	110	60	30	20	15
打样	套	600	160	160	80	60	60	60	60

（1）每套胶片及打样价格按四色版为标准，三色按75%，双色按50%计。多一色加25%。

（2）不规则开数按比它大的规则开数计。

（3）喷墨打样（也称彩喷）一个P（一个P为16开的一面）为15~20元。

（4）彩色稿一般都需要连版，连版开数的大小根据客户的要求或印刷机的幅面。

例 2 出版社拿来一个 80 P 彩色样本的电子文件，成品为 16 开，要求输出对开版，打两套对开样。试计算该样本的制版加工费。

计算过程：

由于出版社拿来的是电子文件且没有组版，经双方商定组成对开版并输出胶片，240 元/套。

8P 能组成 1 套对开版，则 80 P 能组成 10 套对开版。

则该样本的制版加工费 = 10 套 × 240 元/套 + 2 套 × 160 元/套（打样）
$$= 2720 \text{ 元}。$$

习 题

1. 有一本 32 开本社会科学类书刊共 256 面（含内封、版权各占一面），每面字数 29×30，终校后出胶片（16 开），不拼大版，封面另计。求这本书的制版费？

2. 某电脑设计室接到一本自然中文书稿，共计 538.24 千字，要求：六号宋体，正文版面字数按 29×29 计算，正文 10.5 印张，正 16 开本（内封、版权、编委、前言各占一面），终校后出胶片（16 开），不拼大版，封面另计。如每面照排价格是 8 元，求这本书的制版费？

3. 某制版公司接到一本《小学生多用词典》字数 950 千字，正 16 开本，每面字数约 1089 字，自带电子文件（已经排好版）输出胶片（16 开），不拼大版，封面另计。

①这本书要收客户多少胶片费？

②如胶片改用硫酸纸，需多少费用？

4. 一本 16 开本的产品说明书（英文版），内文要求：采用 8 磅字，版心尺寸 180mm×200mm，每面 25 行，共计 16.5 印张（含内封、版权各一面），终校后出胶片（16 开），不拼大版，封面另计。

①这本书共计有多少页码（面）？

②这本书需收制版费是多少元？

5. 有一本 16 开彩色样本，封皮前后各 4 色，共计 108 面，其中单色文字稿 18 面（采用 5 号字，32×34 的版式）其余部分是四色彩色版面（要求：文字稿输出 16 开胶片；彩色稿输出 4 开胶片，余下出 8 开）。

①这本样本共计需多少制版费？

②如果客户自带组好版的电子文件，需胶片费用是多少？

6. 某雪糕厂要印刷 5 万份雪糕宣传单（单面 4 色），要求尺寸 760mm×520mm，打一套印刷样，求制版费是多少？

7. 某公司要做一本 24 开的样本，准备印刷 1000 册，总计 100 面，封皮双面 4 色，用 200g/m² 铜版纸，封面覆膜且烫金，内文用 128g/m² 铜版纸，胶订。

①这本样本共计需多少制版费？

②如果客户自带组好版的电子文件，需胶片费用是多少（正文输出对开胶片，封皮输出 6 开胶片）？

第四章 印刷计价

应知要点：

1. 了解何为起印数。
2. 掌握书刊印刷计价的方法。
3. 掌握包装、装潢、商标印刷计价的方法。
4. 掌握票据、名片印刷计价的方法。
5. 掌握其他印刷计价的方法。

应会要点：

1. 掌握印张、装版数量、色令的计算方法。
2. 掌握书刊印刷的计算公式及计算方法。
3. 掌握包装、宣传页、报纸、票据类印刷品的计价方法。

印刷是指将印版上的图文信息转移到承印物上的工艺过程。在传统印刷中，该工序是指从制备好的胶片或组好版的电子文件（制CTP版）开始，直到输出载有图文信息的印页为止，即印刷半成品。

起印数，又叫起码数［起印数的印刷费叫开机费（含PS版费）］。

一般情况下起印数定在3000（有些地区定在2000、4000或5000），印刷企业之所以规定一个起印数，是因为如按实际印数（低于起印数）收取加工费，将会入不敷出。例如某客户要印刷200份对开单面四色的招贴，按实际印数收取的加工费为224元，而按3000份收取的加工费是560元。

如某地区开机费（仅供参考）：

多色机

双色四开印刷机为	300～500元
双色对开印刷机为	500～800元
四色对开印刷机为	800～1000元
四色四开印刷机为	600～800元
四色八开印刷机为	300～500元

单色机

对开印刷机为	100～200元

四开印刷机为　　　　　50～100元
八开印刷机为　　　　　50～60元

以上是根据印刷品着墨量、交货时间、纸张厚度等方面来定开机费。

第一节　书刊印刷计价

【任务】正确认识书刊印刷计价在印刷品计价实践中的重要性，掌握印张、装版数量、色令的计算方法。

【分析】教师从书刊在印刷品种类中的重要性引出本节课的内容，书刊印刷的计价过程是本节课的重点。

从目前全国印刷行业来看，书刊的印刷方式主要有两种，一种是单张纸胶印，另一种是卷筒纸胶印，适用于大批量书籍和期刊的印刷。在本课程中，我们分别介绍单张纸胶印和卷筒纸胶印印刷的计价方式。

书刊印刷中常见开本规格主要有32开、大32开、16开、大16开、64开等，除此之外，书刊的开本还有一些不常见的、不规则的开本，如40开、20开等，主要用于幼儿画册。

要想计算书刊印刷费用，首先应求出该印件的印张数、用版（PS版）数量以及色令数，其次还须知道印刷单价（元/色令或元/千印）和拼版单价，最后还应知道该印件选用哪种纸印刷及其印刷机型的选择。

　　　　　　印刷费　＝拼版费＋PS版费＋印工费
　　　　　　印工费＝印件色令数×元/色令
　　　　　　PS版费＝装版数×元/张
　　　　　　拼版费＝拼版数×元/张

一、平印平台机印刷计价

1. 印张计算

印张是计算出版物篇幅的单位，也是计算定价的依据。1个印张等于1个对开的双面印，即，1张双面印刷的全开纸等于两个印张。

　　　　　　印张数＝正文页码数/该书的开本数

例如：16开本1个印张为8页（16面）；
　　　32开本1个印张为16页（32面）；
　　　64开本1个印张为32页（64面），其他开本以此类推。

图书排版时尽可能凑成整印张，不足1印张的应设法凑成半个印张，如一本32开本的书排成88页（1页＝2面，即176面），即为5.5印张（176/32）。凑成整印张或半印张主要是便于印刷，可以缩短印刷周期，降低印刷成本。尤其是胶印书刊，如出现零页，印刷十分不便。

杂志的篇幅，全年每期都是固定的，且大都是整印张（少数有半印张），如2印张、3印张或4印张。其原因，一是杂志全年每期定价不变，二是杂志出版要求快，而

第四章　印刷计价

整印张能符合以上要求。

例1 1本32开本的图书,全书176页,求印张数。

解:印张数=(176页×2面/页)/32开本=11(印张)。

2. 装(上)版(PS版)数量计算

整印张的装版数=印张数×色数(印张前后两面的总色数)

零印张的装版数:如1.125、2.25、3.375、4.5、6.75、8.875等。凡是小于1的部分统称为零印张,印刷时拼成自翻版。

其中0.5、0.125、0.25等零印张的装版数分别是一块(套)印版,而0.375、0.625、0.75须各分为0.125+0.25、0.125+0.5、0.5+0.25,分别是两块(套)印版,0.875须分为0.125+0.25+0.5,故是三块(套)印版。

例2 1本32开本的图书,共计8.875个印张,双面双色印刷,求装版数量。

解:整印张的装版数=8印张×4块/印张(双面双色共计4色)=32(块);

零印张的装版数:0.875个印张须分为0.125+0.25+0.5,故是6块印版;

总装版数=32+6=38块。

3. 色令计算

又称"对开色令"或"对开千印"。通常以500全张纸(或1000对开纸、2000张四开纸)一次印一色为一色令。

色令数的计算公式,色令数=总转数/1000

总转数(整印张)=印刷册数(印数)×装版数

总转数(零印张)=印刷册数(印数)×色数(印张前后两面的总色数)/对开容纳数

例3 1本16开本的图书,共计12.5个印张,本书内文全部用黑色印刷,印刷3500册,求内文印刷的色令数?如果内文的每面都有四色图片,求内文印刷的色令数?

解:① 该书总转数(整印张)=印刷册数×装版数

=3500×12×2

=84000(印)

总转数(零印张)=印刷册数×色数/对开容纳数

=3500×2/2

=3500(印)

即:色令数=总转数/1000=(84000+3500)/1000=87.5(色令)。

②该书总转数(整印张)=印刷册数×装版数

=3500×12×8

=336000(印)

总转数(零印张)=印刷册数×色数/对开容纳数

=3500×8/2

=14000(印)

即:色令数=总转数/1000=(336000+14000)/1000=350(色令)。

4. 平印平台机印刷及上版计价

平印平台机印刷及上版计价见表4-1。

表 4–1 平印平台机印刷计价表   元

项目	计算单位	平板纸 单色印刷	平板纸多色 套色印刷
文字线条版	对开千印	13.5	
网纹版	对开千印	14	30
实地版	对开千印		
套白油	对开千印		
晒版及上版基价	对开每色	80	

（1）印数不足 3 千印按 3 千印计。不足一个印张的零页按实际上版次数计。

（2）网文版指占全书面积 20% 及以上者。用 $45g/m^2$ 及以下薄纸加价 40%，铜版纸加价 20%。

（3）如有着墨面积较大的实地版，占面数 20%～30% 加价 10%，占面数 31%～50% 加价 20%，占面数 51% 以上加价 30%。

（4）平板纸单色印刷，用彩色墨者工价另加 30%。

（5）表 4–1 工价以全张纸 787mm×1092mm 为标准。850mm×1168mm 印刷费照表 4–1 工价加 20%；880mm×1230mm 照表 4–1 工价加 30%；达到或超过 635mm×880mm 的纸张照表 4–1 工价加价 50%～100%。

（6）如果需要拼版，每一对开版收拼版费及片基费：8 开、16 开 20 元，32 开 25 元，其他开 30 元（例如，成品为 16 开的书，拼一张对开版应收 20 元拼版费，含拼版时用的片基）。

（7）胶片改字，每字 0.7 元。

（8）经典著作、重点及特殊要求产品加价 30%。

（9）3 开纸印刷按对开纸计算。

（10）使用金、银墨的印件，印工费照表 4–1 工价计，金、银墨按实际用量及价格收费，进口油墨加收油墨差价。

（11）自翻版印刷收一套 PS 版的费用。

例 4 某出版社委托某厂印刷"小学数学"教材，印刷 3 万册，正 16 开本，内文全部采用黑色印刷，排版顺序为前言/版权、目录 1–5、5/白、正文 1～232 面，需要拼版，用对开机印刷，如果采用 787mm×1092mm、$70g/m^2$ 双胶（平板纸）纸印刷，需多少印刷费（内文）？

计算过程：

由排版顺序：前言/版权、目录 1–5、5/白、正文 1～232 面，可以计算出该书总面数 = 前言 + 版权 + 目录 5 面 + 白 + 正文 232 面 = 240 面。

则，印张数 = 240 ÷ 16 = 15。

即：装版数 = 15 × 2 = 30（张）；拼版数 = PS 版数 = 30 张。

故，PS 版费 = 30 张 × 80 元/张 = 2400 元 ———①

拼版费 = 30 张 × 20 元/张 = 600 元 ———②

又，总转数 = 印刷册数 × 装版数
　　　　　 = 30000 × 30 = 900000（转）
故，色令数 = 900000 ÷ 1000 = 900（色令），
即：印工费 = 900 × 13.5 = 12150（元）————③
所以，这本书内文的印刷费由公式：
印刷费 = 印工费 + PS 版费 + 拼版费 = ① + ② + ③
　　　 = 2400 元 + 600 元 + 12150 元
　　　 = 15150 元

例 5　某作者出版一本书，印量 1500 册，全书共计 10.375 个印张，大 16 开，用 889mm × 1194mm 的 128g/m² 铜版纸印刷，内文四色彩色套版，对开机印刷，求内文的印刷费？

计算过程：（注：彩色套版印刷一般不需要计算拼版费）
整印张的装版数 = 10 × 8 = 80（块）
零印张的装版数：0.375 个印张须分为 0.125 + 0.25，故是 8 块印版
即：装版数 = 80 + 8 = 88（张）
故，PS 版费 = 88 张 × 80 元/张 = 7040 元————①
又，总转数（整印张）= 印刷册数 × 装版数
　　　　　　　　　　 = 3000（不足 3000 按 3000 计算）× 80
　　　　　　　　　　 = 240000（转）
总转数（0.125 印张）= 印刷册数 × 色数/对开容纳数
　　　　　　　　　　 = 1500 × 8/8
　　　　　　　　　　 = 1500（印）按 3000 印算（不足 3000 按 3000 计算）
总转数（0.25 印张）= 印刷册数 × 色数/对开容纳数
　　　　　　　　　　= 1500 × 8/4
　　　　　　　　　　= 3000（印）
故，色令数 =（240000 + 3000 + 3000）/1000 = 246（色令）
即：印工费 = 246 色令 × 30 元/色令 = 7380 元————②
所以，这本书内文的印刷费由公式：
印刷费 = 印工费 + PS 版费 = ① + ②
　　　 = 7380 元 + 7040 元
　　　 = 14420 元。

二、平印轮转机印刷计价

平印轮转机印刷及上版价格见表 4-2。

表 4-2　平印轮转机印刷计价表　　　　　　　　　　　　　　　　　　　元

项目	计算单位	工价
文字线条版	1 印张	0.020 元
文字网纹版	1 印张	0.022 元
上版	对开每次	80 元

（1）印数不足 5000 印张按 5000 印张计，超过 5000 印张者按实际计。每 10 万印收一次上版费。

（2）网纹版是指占全书面数 20% 或 20% 以上者。实地面积较大者，工价另议。

（3）外来胶片需改文字、改图者每处加收 2.00 元。

（4）45g/m² 及 45g/m² 以下的薄纸加收 30%，60g/m² 及 60g/m² 以上厚纸加收 20%。

（5）需拼版者，每一对开版收拼版和工料费：16 开 20 元，32 开 30 元，64 开 40 元，每加拼一图加收 1.00 元。

（6）表 4-2 工价是采用每千克 12 元以下的黑墨印刷。若单价在 12~13 元之间，每千印加收 0.50 元，13~14 元者，加 1.00 元，彩色墨加收 30%。

（7）PS 版的基价为每块 30 元（没有晒版前的价格）。超过基价，加收版材的差价。

（8）表 4-2 工价以全张纸 787mm×1092mm 为标准，超过此规格者，工价加收 20%。

（9）双色印件，每印张的单价加收 130%；四色印件加收 260%。

第二节　包装、装潢、商标印刷计价

【任务】正确认识包装、装潢、商标印刷计价在印刷品计价实践中的重要性，掌握包装、装潢、商标印刷的计算方法。

【分析】教师从包装、装潢、商标印刷品在商品领域中的重要性引出本节课的内容，包装、装潢、商标印刷的计价过程是本节课的重点。

一、包装、装潢、商标产品的印刷计价

包装、装潢、商标印刷计价如表 4-3 所示。

随着地方经济发展和社会生活的进步，印刷业呈现出良好的发展势头。随之而带来的是包装、装潢、商标印刷已经逐渐成为印刷业发达地区的支柱产业，如烟酒、食品等都是需求量大的包装类。

表 4-3　包装、装潢、商标印刷计价表　　　　　　　　　　　　　　　　　　　元

规格/mm×mm 开数	单位	3000 印及以内基础价	3000 印以上超基础价（每印次）	4 万印以上标准价（每印次）
780×540 (2~3 开)	每色	700.00	0.032	0.046
540×390 (4~7 开)	每色	500.00	0.023	0.033
390×270 (8~13 开)	每色	350.00	0.017	0.024
270×200 (14 开以下)	每色	260.00	0.013	0.018

（1）表4-3工价包括：上版、版材、印刷、改色、包装。不包括制版、纸张。

（2）以上工价以每张每色为计算单位。每张每色在3000印及以内者，只收基础价；印数在3000印以上至4万印者，除照收基础价外，还应另收超基础标准加价工价。

其计算公式为：总金额＝基础价＋（实际印数－3000印）×超基础加价

印数在4万印以上者，只按4万印以上标准价收费（不另收基础价费）。

其计算公式为：总金额＝总印数×4万印以上标准价

（3）$200g/m^2$以上的厚纸，$40g/m^2$及以下的薄纸，加价30%。$400g/m^2$及以上的厚纸加收50%，玻璃卡纸加收50%。

（4）铝泊纸（钢精纸）加收150%，描图纸加收150%，PVC胶版加收400%。

（5）凸印串色加收50%，用荧光油墨加收100%。普通油墨加入少量的荧光墨加收50%；印金银墨时，按色地占纸张面积大小分别计算，墨地占纸张面积25%者加收100%；面积占50%者加收200%；面积占75%者加收300%；超过75%者加收400%。

（6）叠印、压凸各按加一色计算收费。

（7）烫印电化铝以2000张为计算起点，不足2000印按2000印计。2～3开每色每次收0.07元，4～7开每色每次收0.05元，8～12开每色每次收0.035元，12开以下每色每次收0.025元。

（8）上亮油，2～3开每张0.15元，4～7开每张0.10元，8开以下每张0.06元。

（9）以上工价以787mm纸为标准，超过此标准者加价30%，纸张超过900mm者按全张纸计算。

例1 要用$250g/m^2$白卡纸印刷2000个包装盒（样式见图4-1），上机印刷开数是四开，外表面印银色，两处标识印橘黄色（荧光），其余文字印黑色。

求①印刷2000个的印刷费是多少钱？

②如果印刷25000个，印刷费是多少？

③如果印刷50000个，印刷费是多少？

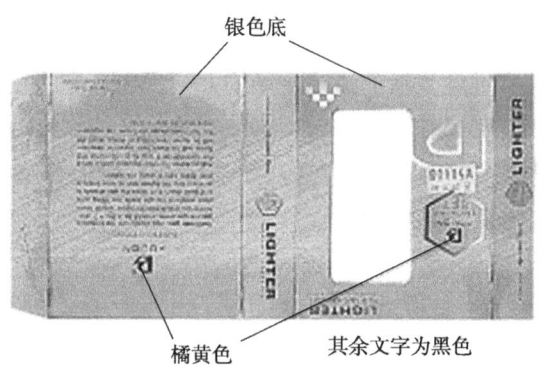

图4-1 包装盒示例

计算过程：

(1)共三个颜色，分别是银色、荧光橘黄色、黑色。

银色印工费：由表4-3，印刷2000的基础价应为500元（四开），

印金银墨时，超过75%者加收400%，$200g/m^2$以上的厚纸，加价30%，

即：总计银色印刷费 = 500 + 500 × 400% + 500 × 30% = 2650（元）；

荧光橘黄色印刷费：普通油墨加入少量的荧光墨加收 50%，200g/m² 以上的厚纸，加价 30%，

即：总计荧光橘黄色印刷费 = 500 + 500 × （50% + 30%） = 900（元）；

黑色印工费：200g/m² 以上的厚纸，加价 30%，

即：总计黑色印刷费 = 500 + 500 × 30% = 650（元）；

所以，印刷 2000 个的印刷费 = 2650 + 900 + 650 = 4200（元）。

（2）印刷 25000 个的印刷费（印数在 3000 印以上至 4 万印）。

由公式：总金额 = 基础价 + （实际印数 - 3000 印）× 超基础加价

银色印工费：总金额 = 2650 + (25000 - 2000) × [0.023 + 0.023 × (400% + 30%)]
　　　　　　　　　　= 2650 + 2803.7
　　　　　　　　　　= 5453.7（元）

荧光橘黄色印刷费：总金额 = 900 + (25000 - 2000) × [0.023 + 0.023 × (50% + 30%)]
　　　　　　　　　　　　= 900 + 952.2
　　　　　　　　　　　　= 1852.2（元）

黑色印刷费：总金额 = 500 + (25000 - 2000) × (0.023 + 0.023 × 30%)
　　　　　　　　　 = 500 + 687.7
　　　　　　　　　 = 1187.7（元）

所以，印刷 25000 个的印刷费 = 5453.7 + 1852.2 + 1187.7 = 8493.6（元）

（3）如果印刷 50000 个，印刷费是（印数在 4 万印以上）：

由公式：总金额 = 总印数 × 4 万印以上标准价

银色印刷费：总金额 = 50000 × [0.033 + 0.033 × (400% + 30%)]
　　　　　　　　　 = 8745（元）

荧光橘黄色印刷费：总金额 = 50000 × [0.033 + 0.033 × (50% + 30%)]
　　　　　　　　　　　　= 2970（元）

黑色印工费：总金额 = 50000 × (0.033 + 0.033 × 30%)
　　　　　　　　　 = 2145（元）

所以，印刷 50000 个的印刷费 = 8745 + 2970 + 2145 = 13860（元）。

二、不干胶标签产品的印刷计价

采用网版印刷工艺印制的不干胶标签的印刷计价如表 4-4 所示。

表 4-4　网版印刷不干胶标签的制版、印刷计价表

项目	计算单位	单价/元	备注
制版	每色	100.00	起印费 240 元
印刷	每平方厘米	0.003（单色）	
	每平方厘米	0.005（双色）	
	每平方厘米	0.007（3 色）	

采用胶印工艺印制的不干胶标签，单色起印费400元，双色起印费600元，3色以上按彩色印刷计价，起印费800~1000元。

防伪商标标签以0.05元/厘米^{2}计价，起印费3500~4000元。

易碎不干胶标签以0.04元/厘米^{2}计价，起印费400元（不足1万平方厘米按1万平方厘米计算）。

异型不干胶标签印刷另加收模具费70~100元不等。

第三节　票据、名片印刷计价

【任务】随着商业票据应用领域的不断迅速扩大，正确认识票据印刷计价的重要性，掌握票据印刷的计算方法。

【分析】教师从商业票据的应用领域引出本节课的内容，票据印刷的计价过程是本节课的重点。

一、票据印刷计价

随着信息产业的不断发展，国民经济运行质量的不断提升，票据将会有较大的发展空间。特别是国家税务改革，以及伴随而来的票证改革，我国从2002年8月1日开始，推行使用的地方税务新版发票（包括新版定额普通发票、新版税控装置卷式打印普通发票、新版税控装置打印普通发票），这给商业票据印刷带来了新的商机，每年将以两位数的速度迅速增长。

今后，随着经济发展，商业票据应用领域的不断迅速扩大，在各行各业的使用将会越来越多，社会对票据的印刷技术也会提出更高的要求，票据的印制也将采用更多的高科技技术，使商业票据印刷得以发展、繁荣。

票据印刷方式可以是凸版印刷、凹版印刷、胶版印刷、丝网版印刷、数字印刷，也可以是以上5种印刷方式与烫印、喷码、压线等其他加工工艺的任意组合。机组有3色、5色、9色乃至10色及以上。

票据印刷企业的票据印刷计价一般都对外折算为每卷或每张这两个基本单位进行计价结算。

票据成品一般需要装箱，纸箱的宽度可以根据票据的宽度进行调整，大致尺寸有190mm、210mm、241mm、381mm等。但纸箱的高度是固定的几种规格，一般是7~12英寸。

向客户报价和结算均以张或箱为单位，比如每箱360元，也就是每张0.18元（每箱2000单张）。

票据印刷（无碳复写单色印刷）价格参照表4-5。

表 4-5　票据印刷（无碳复写单色印刷）价格表

		备注
A4	0.12 元/张	以上价格均不打码，如需要打码每张另加 0.01 元。
B5	0.10 元/张	
大 32 开	0.06 元/张	
小 32 开	0.05 元/张	

二、名片印刷计价

名片的成品尺寸一般为 55mm×95mm。名片印刷计价如表 4-6 所示。

表 4-6　名片印刷计价示例

种类	张数	单色/元	套一色/元	套二色/元
单面一种文字	100	30	50	75
	200	50	80	100
单面混排	100	35	55	80
	200	55	85	105
双面排	100	40	60	80
	200	60	95	115

第四节　其他印刷方式的计价

【任务】正确认识宣传页、报纸、信封等印刷计价的重要性，掌握宣传页、报纸、信封等印刷品的计算方法。

【分析】教师从印刷品种类引出本节课的内容，宣传页、报纸等印刷品的计价过程是本节课的重点。

一、宣传页印刷计价

宣传页印刷计价表参照表 4-1 中的平板纸单色及多色印刷。

1．四开及以上印刷机印刷计价

例 1　某移动公司推出一种新的手机付费方式，准备印刷 10000 张正对开单面四色海报（满版图案），试求这批印刷品的印刷费？如印刷 1500 张，试求印刷费？

计算过程：

（1）单面 4 色印刷，即：装版数 = 4 张。

故，PS 版费 = 4 张 × 80 元/张 = 320 元　————①

又，总转数　= 印刷数量 × 装版数

　　　　　　= 10000 × 4

　　　　　　= 40000（转）

故，色令数 = 40000/1000 = 40（色令），

即：印工费 = 40×30 = 1200（元）————②

则：印刷费 = 印工费 + PS 版费 = ① + ②

　　　　　　 = 1200 元 + 320 元

　　　　　　 = 1520 元。

（2）如印刷 1500 张，试求印刷费？

PS 版费不变，即为 320 元————①

总转数 = 印刷张数 × 装版数

　　　　 = 3000（不足 3000 按 3000 计）× 4

　　　　 = 12000（转）

故，色令数 = 12000/1000 = 12（色令）

即：印工费 = 12×30 = 360 元———— ②

则：印刷费 = 印工费 + PS 版费 = ① + ②

　　　　　　 = 360 元 + 320 元

　　　　　　 = 680 元。

2．八开及以下印刷机印刷计价

快速、小批量彩色印品数量的不断增加，促使双色、多色小胶印机近年来在印刷市场占有的比例在增大。同时，也出现了前所未有的价格大战，企业希望通过不断降价的手段，来提升自身产品的竞争力。以最低的成本，最小的投入，最少的消耗，获得最大的效益。采用小胶印机印刷时，在计算印品价格时和四开以上的印刷机有所不同。

（1）按色令计价，如表 4-7 所示。

表 4-7　按色令计价表　　　　　　　　　　　　　　　　　　　　　　　　　　　　　元

项目	计算单位	印刷幅面	
		八开	十开及以下
单色文字，线条及占纸面积在 20% 以下的实地	八开千印	20	10~15
网纹、实地占纸面积有 20% 以上的	八开千印	25	12~18
晒版及上版基价（每 1 万印及以下）	每色次	25	

①每色印数不足 3 千印者（纸张规格为 8 开）按 3 千印计。3 千印以上按实际计。

②必须八开及以下纸印刷的产品才能按表 4-7 工价计。

③正八开、大八开纸都按八开纸计。

④使用金、银墨的印件，印刷费照表 4-7 工价计，金、银墨按实际用量及价格收费，进口油墨加收油墨差价。

⑤自翻版印刷收一套 PS 版的费用。

例 2　某单位要印刷 8000 张正 16 开产品说明书，双面 4 色，用八开四色机印刷，试求这批印刷品的印刷费？

计算过程：

双面 4 色印刷，连自翻版（连二），即：装版数 = 4 张

故，PS 版费 = 4 张 × 25 元/张 = 100 元 ————①

又，总转数 = 印刷数量 × 装版数 × 2（面）/八开容纳数

$$= 8000 × 4 × 2/2$$
$$= 32000（转）$$

故，色令数 = 32000/1000 = 32 色令

即：印工费 = 32 × 25 = 800（元）————②

则：印刷费 = 印工费 + PS 版费 = ① + ②

$$= 800 元 + 100 元$$
$$= 900 元$$

（2）按转数计价（四色机）。

表 4-8　四色机按转数计价表　　　　　　　　　　　　　　　元

项目	计算单位 （一转包含四色）	印刷幅面	
		八开	十开及以下
单色文字，线条及占纸面积在 20% 以下的实地	转	0.04	0.03
网纹、实地占纸面积有 20% 以上的	转	0.05	0.04
晒版及上版基价（每 1 万印及以下）	每色次	25	

①每份印数不足 3 千者按 3 千计。超过 3 千的按实际计。通常开机费定为 240～300 元。

②必须八开及以下纸印刷的产品才能按表 4-8 工价计。

③正八开、大八开纸都按八开计。

④使用金、银墨的印件，印刷费照表 4-8 工价计，金、银墨按实际用量及价格收费，进口油墨加收油墨差价。

⑤自翻版印刷收一套 PS 版的费用，印刷总转数按双面计。

⑥印工费 = 四色转数 × 单价/转

例 3　某校要印 5000 张招生简章，规格为 185mm × 260mm 的三折页，双面四色印刷，用八开四色机且自翻印刷，求印刷费是多少？

计算过程：

双面四色印刷，连自翻版（连二），即：装版数 = 4 张

故，PS 版费 = 4 张 × 25 元/张 = 100 元

印刷数量为 5000，

所以，总转数 = 5000/2（八开容纳数）× 2（面数）= 5000（转）（四色）

即：印工费 = 5000 × 0.05 = 250（元）

则　印刷费 = 250 + 100 = 350（元）。

二、轻印刷计价

目前，轻印刷机以它的经济型、快速型以及小批量印刷的优越性，在印刷行业占有越来越大的比例，特别是在机关、学校等办公印刷上发挥着巨大的作用。现在的轻印刷机，以大八开到大四开为主。

轻印刷机与大胶印机总体构造相似。其印刷适应性与大机器相比，则具有更低的印刷成本和更快捷的相对优势。轻印刷的印刷计价如表4-9所示。

表4-9 轻印刷的印刷计价表

分类	计算单位	计算单价	上版基价
单色文字版	千印	10元	3元
线条、表格	千印	11元	3元

（1）上版基价3元指的是使用纸基版，如使用PS版上版基价应收10元（8开）。

（2）表4-9给的计算单价是指印数超过1000的，低于1000的开机费为25元左右（起印数为1000张）。

（3）如果有照片等印墨量较大的可适当多收一些印工费。

（4）专色印刷按表4-9工价加价30%。

例4 有一客户要印两种宣传单，一种是500份16开单面黑白印刷；另一种是2000份16开单面绿色印刷。客户自购纸张。求印刷费是多少？

500份16开单面黑白的印刷费：

印数低于1000，则应收25元（起印数）；

2000份16开单面绿色的印刷费：

印数超过1000，则应收2千印×10元/千印×（1+30%）+3元（版费）= 29元。

三、报纸印刷计价

报纸印刷计价如表4-10所示。

表4-10 报纸印刷计价表 元

项目	计算单位	单价	备注
单拼图	块	0.50	
拼版	对开	15.00	
晒版	对开	70.00	每60对开千印增计一次
黑白印刷	千印	18.00	
套红印刷	千印	27.00	双面套红为36.00
彩色印刷	千印	5.50×130（色墨差价）	双面8色为53.00

由于报纸均为轮转印刷，所以起印数定为30令，即不足30令纸印刷时印工费均按30令计价。用对开千印表示为，对开不足3万印时，按3万印计价。需要指出的是，

这是以对开为基准幅面,如果某报纸是 2 个印张,则不能低于 60 令纸。以黑白印刷为例,如果是 4 开报纸,则计价份数为 3 万 ×4/2 = 6 万。

四、信纸(单色单面)印刷计价

信纸(单色单面)印刷计价如表 4-11 所示。

表 4-11 信纸印刷计价表　　　　　　　　　　　　　　　　元/本(含纸价)

用纸	正度(185mm×260mm)	大度(285mm×210mm)
60g/m² 国产纸	4.50	5.0
70g/m² 国产纸	6.0	7.0
70g/m² 进口纸	8.0	9.0
80g/m² 进口纸	9.0	10.0
100g/m² 进口纸	10.0	12.0

① 此计价表起印量为 100 本(每本 100 页)。
② 专色、双色、三色、四色价格另议,大印量价格另议。
③ 此报价未含制作设计和胶片输出。
④ 纸价随着市场波动,每本价格可做适当调整。

五、信封(双色)印刷计价

信封(双色)印刷计价如表 4-12 所示。

表 4-12 信封印刷计价　　　　　　　　　　　　　　　　元/个(含纸价)

规格	用纸/(g/m²)	中式	西式	牛皮纸中式封
5 号	80	0.17	0.19	0.12
	100	0.19	0.22	0.14
	120	0.22	0.25	0.16
7 号	80	0.25	0.30	0.18
	100	0.30	0.35	0.20
	120	0.35	0.40	0.25
8 号	80	0.30	0.35	0.17
	100	0.34	0.40	0.20
	120	0.45	0.48	0.25
9 号	80	0.70	0.73	0.35
	100	0.78	0.83	0.38
	120	0.88	0.98	0.40

① 此报价起印量为 3000 枚,量少酌情加收版费,每色每版 50 元。
② 1 万枚以上价格另议,特大量优惠,如 5 号 80g/m² 牛皮纸中式封两万枚以上价格为 0.08 元。

③ 每增加一色，牛皮纸封印费加 0.02 元，胶印每色每枚加 0.04 元，多色套印价格另议。

④ 此报价包括开封和糊封。

六、数码印刷计价

彩色正在快速地变成很多文件的应用，尤其是商业文件中的基本要求。大学老师需要彩色的讲稿和图片；广告公司需要彩色的设计策划方案；建筑单位需要彩色的效果图；销售和市场推广人员想要在产品说明书和建议书中加入彩色效果以获得竞争优势；项目经理们选择使用彩色来增强其报告的效果。对于这些用户而言，将会有越来越多图像质量要求很高、但印量又很少（如 100 页以下）的彩色文件需求。

然而，现有的印刷技术很难满足这些短版的成本要求，数码印刷是解决短版印刷最有效的途径。随着彩色短版印刷应用的不断增长，数码印刷的发展空间越来越大。

1．彩色文件生产过程的比较及成本分析

（1）彩色文件生产过程的比较（见图 4-2、图 4-3）。

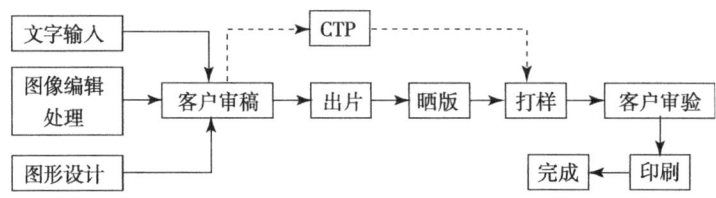

图 4-2　传统胶印生产流程

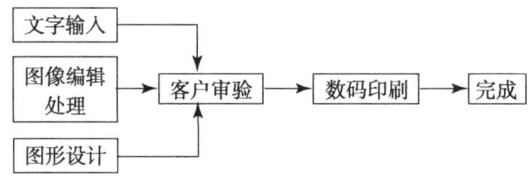

图 4-3　数码印刷生产流程

（2）彩色文件生产的成本对比。

选择一：采用传统胶印方法，如表 4-13 所示。

表 4-13　胶印成本分析　　　　　　　　　　　　　　　　　　　　　　　　　　元

数量	100 份	500 份	1000 份
电脑制作	360	360	360
打样	250	60	60
纸（157g/m²）	0	120	200
印刷费	0	800	800
合计	610	1340	1420
单价	6.10	2.68	1.42

注：仅需 100 份时，按照习惯，以打样成品方式解决。此处假设输出四开分色胶片，打样成本每张为 6.10 元。

选择二：彩色数码打印系统。

以富士施乐为例，一张 A3 打印成本仅需 2.4 元，包含所有耗材（纸除外）、易损件、零配件、维修人工费等费用。

（3）小结。

选择一：采用传统胶印方法。

由表 4-13 可以看出，随着印量的增加，总印刷成本也在逐渐增大，但单张成本会逐渐降低。由于印刷作业操作周期长，大约需要两天时间（含电脑制作），故对数量少、时间紧的作业，传统印刷往往难以应付。

选择二：彩色数码打印系统。

单张成本恒定不变，更适合短版作业。由表 4-13 可以看出，在印量 100 张以下，彩色数码印刷方案具有明显优势。同时，该方案具有质量高、速度快的特点，可以实现"按需印刷，立等可取"，提高效率，减少浪费。

2．数码彩印市场的特点及服务特性

- 超短版业务优势明显、彩色印刷需求较大。
- 具有以短版业务（100 份以内）为主，突出"按需打印、立等可取"的特点。
- 个性化：按需制作文件，为客户度身定制个性化文件。
- 网络化：充分契合客户的网络投资，提供快速高效的网络服务。
- 彩色：提供增值的彩色服务。

3．主要用户群和应用方向

- 政府、企业、房地产公司等的大型投标会的标书制作、高级国际会议、新产品发布会等的会议资料。
- 有专业彩色打印需求的公司企业，如：房地产公司的装修效果图设计、时装设计公司、鞋厂的鞋样设计、公安局的特种证件、学校招生办的准考证、报名表等。
- 各大公司的宣传资料、产品说明书、促销彩页等。
- 专业律师事务所、会计师事务所的案件陈词、诉讼文件等。
- 各大外资、合资公司的董事会文件、培训资料及会议文件。
- 各宾馆、饭店、商场、超市、专卖店等，对印品的需求品种多、周期短、有很强的时效要求，正好符合数码印刷的特点。
- 大型的展览会以及各种团体会议，对宣传品、纪念品的需求品种多、数量少而时效性强，唯有数码印刷才能胜任。
- 结婚请柬、宴会请柬、贺卡、名信片、台历、挂历等。
- 各旅游城市、旅游景点为游客即时打印数码影像，制作艺术饰物。
- 各大证券交易所、投资公司等的投资分析图表。
- 在广告打样方面，可保证一定数量较为稳定的业务来源。
- 设计院的设计图、投标资料、建议书。
- 彩色图片副本存档、网上下载图片等。
- 许多数码冲印店及艺术影楼，都开始考虑用彩色数码设备冲晒数码相片，以取代喷墨设备。

4. 具体收费标准（以 Fuji Xerox Phaser 7750DN 机为例）

（1）按照普通的服务模式。

50%覆盖率 A3 彩色文件成本 = 黑色粉单价 + 红色粉单价 + 蓝色粉单价 + 黄色粉单价 + 硒鼓单价×4 + 定影组件单价 + 纸张及其他消耗（约0.5元） = 人民币10.1元/页

备注：

①此处的寿命是以 A4 幅面 50%的覆盖率这一国际标准来计算。

②一色碳粉配一个硒鼓的配置，计算彩色文件成本时应以其单价乘以4。

（2）按照全保服务模式。

每页成本 = 2.6 元/页（A3，全覆盖率）+ 纸张及其他消耗（0.5元）

综上所述，当客户选择富士施乐全保保修服务时，我们建议彩色短版印刷业务的对外定价可定在 A3 每张8元。

第五节 我国不同地区印刷品工价比较

一、广东省印刷品报价单

广东省印刷品报价单（均价）如表4-14～表4-18所示。

表4-14 （A4）DM 双面4色印刷-价格表（成品尺寸 210mm×285mm）

纸张\价格\印数	500张	1000张	2000张	3000张	5000张	10000张
105g/m²	400元	520元	600元	700元	930元	1500元
128g/m²	410元	550元	620元	730元	1000元	1600元
157g/m²	420元	550元	650元	730元	980元	1600元
200g/m²	480元	600元	700元	870元	1160元	2200元
250g/m²	500元	660元	780元	970元	1650元	2350元
以上报价含出片、纸张、印刷，不含设计制作及税收						

表4-15 （A3）DM 双面4色印刷-价格表（成品尺寸 420mm×285mm）

纸张\价格\印数	500张	1000张	2000张	3000张	5000张	10000张
80g/m²	710元	810元	910元	1060元	1350元	2140元
105g/m²	760元	890元	980元	1150元	1550元	2400元
128g/m²	800元	900元	1080元	1250元	1680元	2750元
157g/m²	840元	960元	1160元	1350元	1800元	2900元
200g/m²	880元	1050元	1260元	1500元	2150元	3700元
250g/m²	920元	1100元	1350元	1650元	2350元	4000元
以上报价含出片、纸张、印刷，不含设计制作及税收						

表 4-16　（四开）海报单面 4 色印刷 – 价格表（成品尺寸 420mm × 580mm）

纸张＼印数＼价格	500 张	1000 张	2000 张	3000 张	5000 张	10000 张
80g/m²	920 元	1050 元	1277 元	1570 元	2250 元	3600 元
105g/m²	940 元	1010 元	1360 元	1740 元	2520 元	4170 元
128g/m²	945 元	1070 元	1440 元	1860 元	2760 元	4550 元
157g/m²	980 元	1210 元	1700 元	2250 元	3380 元	5800 元
200g/m²	1040 元	1280 元	1840 元	2450 元	3780 元	6480 元
250g/m²	1080 元	1480 元	2140 元	2750 元	4360 元	7100 元

以上报价含出片、纸张、印刷，不含设计制作及税收

表 4-17　（对开）海报单面 4 色印刷 – 价格表（成品尺寸 860mm × 580mm）

纸张＼印数＼价格	500 张	1000 张	2000 张	3000 张	5000 张	10000 张
80g/m²	1320 元	1690 元	2180 元	2670 元	3760 元	6070 元
105g/m²	1400 元	1800 元	2410 元	3000 元	4300 元	7640 元
128g/m²	1450 元	1900 元	2600 元	3250 元	4720 元	8050 元
157g/m²	1590 元	2180 元	3100 元	4030 元	6000 元	10950 元
200g/m²	1670 元	2500 元	3350 元	4400 元	6640 元	12200 元
250g/m²	1890 元	2900 元	3700 元	5350 元	7780 元	14300 元

以上报价含出片、纸张、印刷，不含设计制作及税收

表 4-18　宣传画册（16 开企业样本 250 克封面 157 克内页）（成品尺寸 210mm × 285mm）

印数＼页数＼价格	8P	12P	16P	20P	24P	28P	32P
500	3.68 元	4.80 元	5.80 元	7.30 元	9.30 元	10.50 元	12.10 元
1000	2.55 元	2.85 元	3.85 元	4.50 元	5.55 元	6.40 元	7.10 元
2000	1.70 元	2.15 元	2.75 元	3.15 元	3.90 元	4.50 元	4.95 元
3000	1.33 元	1.80 元	2.26 元	2.60 元	3.26 元	3.78 元	4.20 元
5000	1.16 元	1.62 元	1.96 元	2.24 元	2.86 元	3.34 元	3.68 元
10000	1.07 元	1.50 元	1.77 元	2.02 元	2.59 元	3.07 元	3.33 元

以上报价含出片、纸张、印刷，不含设计制作及税收

二、上海市印刷品报价单

上海市印刷品报价单（均价）如表 4-19 ~ 表 4-23 所示。

表 4-19　（A4）DM 双面 4 色印刷 - 价格表（成品尺寸 210mm×285mm）

纸张＼价格＼印数	500 张	1000 张	2000 张	3000 张	5000 张	10000 张
105g/m²	380 元	500 元	570 元	680 元	900 元	1450 元
128g/m²	390 元	510 元	600 元	700 元	930 元	1500 元
157g/m²	400 元	520 元	620 元	710 元	960 元	1560 元
200g/m²	430 元	580 元	650 元	820 元	1100 元	2100 元
250g/m²	450 元	630 元	720 元	920 元	1550 元	2200 元
以上报价含出片、纸张、印刷，不含设计制作及税收						

表 4-20　（A3）DM 双面 4 色印刷 - 价格表（成品尺寸 420mm×285mm）

纸张＼价格＼印数	500 张	1000 张	2000 张	3000 张	5000 张	10000 张
80g/m²	690 元	780 元	870 元	1000 元	1280 元	2050 元
105g/m²	720 元	830 元	910 元	1100 元	1480 元	2300 元
128g/m²	750 元	850 元	1020 元	1150 元	1580 元	2550 元
157g/m²	800 元	920 元	1110 元	1290 元	1700 元	2700 元
200g/m²	830 元	1000 元	1200 元	1430 元	2000 元	3500 元
250g/m²	870 元	1030 元	1280 元	1570 元	2100 元	3850 元
以上报价含出片、纸张、印刷，不含设计制作及税收						

表 4-21　（四开）海报单面 4 色印刷 - 价格表（成品尺寸 420mm×580mm）

纸张＼价格＼印数	500 张	1000 张	2000 张	3000 张	5000 张	10000 张
80g/m²	800 元	950 元	1150 元	1450 元	2050 元	3400 元
105g/m²	860 元	980 元	1260 元	1540 元	2320 元	3770 元
128g/m²	880 元	1000 元	1300 元	1700 元	2460 元	4050 元
157g/m²	900 元	1110 元	1580 元	2050 元	3080 元	5400 元
200g/m²	940 元	1160 元	1640 元	2250 元	3380 元	6080 元
250g/m²	1000 元	1280 元	1840 元	2450 元	4000 元	6600 元
以上报价含出片、纸张、印刷，不含设计制作及税收						

表 4-22　（对开）海报单面 4 色印刷 - 价格表（成品尺寸 860mm×580mm）

纸张＼价格＼印数	500 张	1000 张	2000 张	3000 张	5000 张	10000 张
80g/m²	1220 元	1590 元	2000 元	2470 元	3560 元	5770 元
105g/m²	1280 元	1650 元	2210 元	2600 元	4000 元	7240 元
128g/m²	1350 元	1750 元	2300 元	2950 元	4420 元	7650 元
157g/m²	1450 元	2000 元	2800 元	3730 元	5700 元	9950 元
200g/m²	1550 元	2350 元	3000 元	4000 元	6240 元	11500 元
250g/m²	1690 元	2700 元	3400 元	4850 元	7280 元	13300 元
以上报价含出片、纸张、印刷，不含设计制作及税收						

表 4-23　宣传画册（16 开企业样本 250 克封面 157 克内页）（成品尺寸 210mm×285mm）

印数＼价格＼页数	8P	12P	16P	20P	24P	28P	32P
500	3.08 元	4.50 元	5.30 元	7.00 元	9.00 元	9.50 元	10.10 元
1000	2.15 元	2.55 元	3.65 元	4.10 元	5.05 元	6.00 元	6.90 元
2000	1.50 元	2.05 元	2.60 元	3.00 元	3.70 元	4.10 元	4.65 元
3000	1.23 元	1.65 元	2.06 元	2.40 元	3.06 元	3.28 元	4.00 元
5000	1.06 元	1.52 元	1.66 元	2.04 元	2.66 元	3.04 元	3.38 元
10000	0.97 元	1.40 元	1.57 元	1.72 元	2.19 元	2.87 元	3.03 元

以上报价含出片、纸张、印刷，不含设计制作及税收

三、北京市印刷品报价单

北京市印刷品报价单（均价）如表 4-24 ~ 表 4-28 所示。

表 4-24　（A4）DM 双面 4 色印刷 – 价格表（成品尺寸 210mm×285mm）

纸张＼价格＼印数	500 张	1000 张	2000 张	3000 张	5000 张	10000 张
105g/m²	330 元	450 元	520 元	630 元	840 元	1350 元
128g/m²	340 元	470 元	550 元	660 元	870 元	1400 元
157g/m²	360 元	500 元	560 元	680 元	890 元	1460 元
200g/m²	380 元	530 元	600 元	750 元	1000 元	1950 元
250g/m²	400 元	580 元	650 元	820 元	1400 元	2000 元

以上报价含出片、纸张、印刷，不含设计制作及税收

表 4-25　（A3）DM 双面 4 色印刷 – 价格表（成品尺寸 420mm×285mm）

纸张＼价格＼印数	500 张	1000 张	2000 张	3000 张	5000 张	10000 张
80g/m²	630 元	720 元	820 元	950 元	1210 元	1950 元
105g/m²	650 元	760 元	870 元	1000 元	1400 元	2150 元
128g/m²	680 元	800 元	920 元	1050 元	1480 元	2400 元
157g/m²	730 元	840 元	1020 元	1150 元	1580 元	2500 元
200g/m²	780 元	900 元	1100 元	1280 元	1870 元	3300 元
250g/m²	820 元	950 元	1180 元	1380 元	1900 元	3550 元

以上报价含出片、纸张、印刷，不含设计制作及税收

表4-26　（四开）海报单面4色印刷-价格表（成品尺寸**420mm×580mm**）

纸张＼价格＼印数	500张	1000张	2000张	3000张	5000张	10000张
80g/m²	750元	900元	1100元	1410元	2000元	3330元
105g/m²	810元	930元	1210元	1500元	2250元	3670元
128g/m²	820元	980元	1250元	1630元	2400元	3950元
157g/m²	850元	1070元	1500元	2000元	3000元	5250元
200g/m²	900元	1110元	1600元	2170元	3280元	5880元
250g/m²	950元	1220元	1760元	2350元	3800元	6400元

以上报价含出片、纸张、印刷，不含设计制作及税收

表4-27　（对开）海报单面4色印刷-价格表（成品尺寸**860mm×580mm**）

纸张＼价格＼印数	500张	1000张	2000张	3000张	5000张	10000张
80g/m²	1170元	1520元	1940元	2370元	3460元	5670元
105g/m²	1200元	1600元	2110元	2500元	3800元	7140元
128g/m²	1280元	1650元	2200元	2850元	4220元	7500元
157g/m²	1350元	1900元	2650元	3600元	5450元	9750元
200g/m²	1450元	2200元	2830元	3840元	6040元	11100元
250g/m²	1550元	2530元	3200元	4650元	7080元	13000元

以上报价含出片、纸张、印刷，不含设计制作及税收

表4-28　宣传画册（**16开企业样本250克封面157克内页**）（成品尺寸**210mm×285mm**）

印数＼价格＼页数	8P	12P	16P	20P	24P	28P	32P
500	3.00元	4.30元	5.10元	6.80元	8.80元	9.20元	10.00元
1000	2.10元	2.50元	3.50元	4.00元	5.00元	5.90元	6.80元
2000	1.42元	2.00元	2.40元	2.90元	3.60元	4.00元	4.55元
3000	1.15元	1.60元	1.92元	2.30元	3.00元	3.20元	3.90元
5000	1.00元	1.47元	1.55元	2.00元	2.60元	3.00元	3.32元
10000	0.91元	1.32元	1.45元	1.70元	2.12元	2.82元	3.00元

以上报价含出片、纸张、印刷，不含设计制作及税收

四、东北地区印刷品报价单

东北地区印刷品报价单（均价）如表4-29～表4-33所示。

表4-29 （A4）DM双面4色印刷-价格表（成品尺寸210mm×285mm）

纸张＼价格＼印数	500张	1000张	2000张	3000张	5000张	10000张
105g/m²	320元	400元	500元	500元	740元	1250元
128g/m²	330元	430元	530元	630元	810元	1350元
157g/m²	350元	480元	530元	660元	860元	1420元
200g/m²	370元	520元	590元	730元	1170元	1750元
250g/m²	390元	550元	620元	780元	1300元	1900元

以上报价含出片、纸张、印刷，不含设计制作及税收

表4-30 （A3）DM双面4色印刷-价格表（成品尺寸420mm×285mm）

纸张＼价格＼印数	500张	1000张	2000张	3000张	5000张	10000张
80g/m²	610元	700元	800元	910元	1150元	1800元
105g/m²	620元	720元	830元	950元	1300元	1900元
128g/m²	650元	740元	880元	1000元	1350元	2300元
157g/m²	700元	810元	1000元	1100元	1580元	2400元
200g/m²	730元	870元	1050元	1210元	1800元	3000元
250g/m²	780元	920元	1150元	1340元	1850元	3450元

以上报价含出片、纸张、印刷，不含设计制作及税收

表4-31 （四开）海报单面4色印刷-价格表（成品尺寸420mm×580mm）

纸张＼价格＼印数	500张	1000张	2000张	3000张	5000张	10000张
80g/m²	700元	800元	1050元	1310元	1700元	3000元
105g/m²	750元	850元	1130元	1440元	1950元	3450元
128g/m²	790元	890元	1170元	1560元	2200元	3810元
157g/m²	850元	970元	1350元	1800元	2600元	4550元
200g/m²	870元	1070元	1540元	2080元	3100元	5480元
250g/m²	950元	1200元	1700元	2350元	3500元	6400元

以上报价含出片、纸张、印刷，不含设计制作及税收

表4-32 （对开）海报单面4色印刷-价格表（成品尺寸860mm×580mm）

纸张＼价格＼印数	500张	1000张	2000张	3000张	5000张	10000张
80g/m²	1150元	1300元	1740元	2100元	3000元	5300元
105g/m²	1200元	1400元	1910元	2350元	3450元	6140元
128g/m²	1250元	1500元	2060元	2550元	3850元	6900元

续表

纸张 \ 印数 价格	500张	1000张	2000张	3000张	5000张	10000张
157g/m²	1330元	1700元	2350元	3000元	4550元	8350元
200g/m²	1440元	1900元	2710元	3540元	5540元	10500元
250g/m²	1550元	2150元	3150元	4250元	6680元	12600元
以上报价含出片、纸张、印刷，不含设计制作及税收						

表4-33　宣传画册（16开企业样本250克封面157克内页）（成品尺寸210mm×285mm）

印数 \ 页数 价格	8P	12P	16P	20P	24P	28P	32P
500	2.80元	4.10元	4.80元	6.20元	8.20元	8.80元	9.50元
1000	2.00元	2.50元	3.10元	3.80元	4.80元	5.80元	6.60元
2000	1.40元	1.85元	2.20元	2.70元	3.50元	3.90元	4.45元
3000	1.15元	1.50元	1.82元	2.15元	2.90元	3.10元	3.80元
5000	1.00元	1.40元	1.50元	1.85元	2.50元	2.90元	3.28元
10000	0.91元	1.30元	1.35元	1.60元	2.10元	2.80元	2.95元
以上报价含出片、纸张、印刷，不含设计制作及税收							

习　题

1. 请计算一下，32开128页、16开256页、64开544面分别为几个印张？

2. 1本16开本的图书，共计5.625个印张，双面四色印刷，求装版数量是多少？

3. 1本32开本的图书，共计12.375个印张，双面双色印刷，求装版数量是多少？

4. 1本32开本的图书，共计18.25个印张，本书内文全部采用双面单色（黑色）印刷，印量印刷2500册，求内文印刷的色令数？如果内文的每面都有彩色四色图片为彩色四色印刷，求内文印刷的色令数？

5. 某出版社委托某厂印刷"中学化学"教材，印刷印量5万册，大32开本，内文全部采用双面单色（黑色）印刷，共计12.5个印张，需要拼版，并且用对开机印刷，如果采用880mm×1230mm的70g/m²双胶（平板纸）这种规格的纸印刷，需要多少印刷费（内文）？

6. 某作者写了一本书（经典著作），要印500册，内文全部采用双面单色（绿色）印刷，排版顺序是：内封 -/编委，作者简介 -/白，前言 -/版权，目录1～4，正文1～198页，大16开，需要拼版，并且用对开机印刷，如果采用850mm×1168mm的60g/m²双胶（平板纸）这种规格的纸印刷，需要多少印刷费（内文）？

7. 某房屋开发公司要印一本楼房销售介绍手册，印数3100册，大16开本（成品尺寸210mm×285mm），共计144面（其中48面全部为双面单色（黑色）印刷，需拼版，并且用70g/m²双胶；其余全部为157g/m²铜版纸双面四色印刷，并且用157g/m²铜版），用对开机印刷。求：总计需多少印刷费？

8. 某超市要印刷20万份正16开宣传单，双面四色，求要多少印刷费？

9. 某校要印刷50000张招生简章，规格为210mm×285mm（展开后）的三折页，正反双面均为四色，用四开四色机且自翻印刷，求印刷费是多少元？

10. 某客户要印刷90份结婚请柬，成品为正16开，数码印刷，求印刷费是多少？

11. 客户要印刷几种彩色纸（40g/m²）宣传单（正16开、单面黑色），分别使用黄、绿、红、白四种彩色纸张，黄色纸印1500份、红色纸印800份、绿色纸印1200份、白色纸印500份，求总计需多少印刷费？（按轻印刷计价）

12. 某公司要印刷2000份大16开（210mm×285mm）的产品说明书，单面四色，求需要多少印刷费？（按八开机转数计价）

13. 某报社印刷厂接了一份报纸印件（日报），八开版面，共计32版，双面套红，发行量15万/日，求每月的印刷费是多少？（按22天/月计）

14. 某报纸（日报），八开版面，共计64版，双面四色，发行量50万/日，求全年的印刷费是多少？（按22天/月计）

15. 某邮电印刷厂接了一批信封，其中5号中式封印3000枚，西式封印5000枚，均用80g/m²纸；7号中式封印4000枚，西式封印6000枚，均用100g/m²纸；求各需多少印刷费？

第五章 印后计价

应知要点：
1. 掌握书刊装订计价的方法。
2. 掌握印后零件计价的方法。

应会要点：
1. 掌握书刊装订计价（社会）的计算公式。
2. 掌握书刊装订计价（出版社）的计算方法。
3. 掌握精装封面、上封及精装封面尺寸的计算。
4. 掌握覆膜、上光、模切等印后零件加工的计算方法。

印后加工是指对印刷完成的半成品进行的再加工。这个工序输入的是印刷后的印页，输出的是经过一系列的加工整理或装订成册、供读者或客户使用的最终产品。

第一节 书刊装订计价

【任务】 正确认识书刊装订计价在印刷品计价实践中的重要性，掌握书刊装订的计价方法。

【分析】 教师从印刷的三个工序及印品整饰的重要意义引出本节课的内容。书刊装订的计价过程及精装封面尺寸的计算是本节课的重点。

装订是书刊印刷的三大工序之一。书刊装订，就是把印刷好的印张，根据各种书刊的特点，按照委印单位的要求，折成规定开本的书帖，并把各个书帖及零散页配成套，再将配成套的书帖订成书芯，最后包上封皮，切去毛边，成为一本完整的书。

订书工序常见的方式有铁丝订、无线胶订、锁线订以及骑马订等。一般要看书的商品价值、体裁、耐用性、使用的方便性等来选择书的装订方式。

一、书刊装订费用的计算（社会）

根据不同的装订方式来计算装订收费：

(1) 骑马订 = 帖数 ×（单价/帖）× 装订本数
(2) 无线胶装 =（上封面费用 + 折页费用 + 排书费用）× 装订本数
(3) 锁线平装 =（上封面费用 + 折页费用 + 排书费用 + 穿线费用）× 装订本数
(4) 锁线精装 =（精装费用 + 折页费用 + 排书费用 + 穿线费用）× 装订本数
(5) 无线精装 =（无线胶装费用 + 精装费用）× 装订本数

折页的工序费用 = 帖数 × 单价/帖

排书的工序费用 = 帖数 × 单价/帖

锁线的工序费用 = 帖数 × 单价/帖

注：

(1) 骑马订的封面当一帖计算；

(2) 内文的装订帖，如果是轮转印刷，因机器自带折页装置，所以应减去折页的费用；

(3) 精装费用包含做书壳及上书壳的费用。

装订帖数如何计算：

装订帖数的计算是根据折页机的折页功能及开本大小，纸张厚度来决定的，因此在印前拼版时要考虑装订的折页要求来安排装订的帖；一般的折页机常用的折页方法有 4P、6P、8P、12P、16P、24P、32P；$80g/m^2$ 以上纸张，$115g/m^2$ 以上的铜版纸或亚粉纸，不能用 24P 或 32P 折页，要采用 12P 或 16P 来安排折页的帖。

例 1 大度纸 32 开本，内文 108 面，$128g/m^2$ 亚粉纸，请计算内文的装订帖数。

32 开本一般可以安排 32P 为一帖，但由于纸张太厚，要安排 16P 为一帖。

16 面/帖 =（108/16）向下取整数 = 6 帖

8 面/帖 = 余数/8 =（12/8）向下取整数 = 1 帖

4 面/帖 = 余数/4 = 4/4 = 1 帖

或 12 面/帖 = 余数/12 = 12/12 = 1 帖

例 2 16 开本书籍，内文 80 面，$90g/m^2$ 双胶纸轮转印刷，封面 4P，$210g/m^2$ 双卡，印量为 50000 本，骑马订，请计算这本书的装订费用。

根据轮转的折页，每帖为 16 面，内文有 5 帖，加上封面一帖，

这本书的装订帖为 6 帖，假设骑马订 0.05 元/帖，折页 0.03 元/帖，

则 骑马订装订费 = 帖数 × 价格/帖 × 装订本数

=（6 × 0.05 − 5 × 0.03）× 50000 = 7500（元）

例 3 16 开本书籍，内文 128 面，$90g/m^2$ 双胶纸，轮转印刷，封面 4 面，$210g/m^2$ 铜版纸，印量为 50000 本，无线胶订，请计算这本书的装订费用。

根据轮转的折页，每帖为 16 面，这本书的装订帖为 8 帖，

假设排书 0.01 元/帖，上封面 0.25 元/本，

则 无线胶订装订费 =（上封面费用 + 排书）× 装订本数

=（0.25 + 8 × 0.01）× 50000 = 16500（元）

例 4 大度 32 开本书籍，内文 108 面，$128g/m^2$ 亚粉纸，封面 4 面，$210g/m^2$ 双粉卡，印量为 5000 本，锁线平装，请计算这本书的装订费用。

根据折页的工艺要求，这本书的装订帖为 8 帖，

假设折页 0.03 元/帖，排书 0.01 元/帖，穿线 0.04 元/帖，上封面 0.25 元/本，

则　锁线平装装订费 =（上封面费用 + 折页 + 排书 + 穿线）× 装订本数
=（0.25 + 8×0.03 + 8×0.01 + 8×0.04）× 5000
= 4450（元）

例 5　有一 16 开本书籍，内文 128 面，128g/m² 双粉纸；精装封面，皮壳板纸厚度为 3mm（裱糊 128g/m² 双粉纸），印量为 5000 本，锁线精装，请计算这本书的装订费用。

根据折页的工艺要求，每帖为 16P，这本书的装订帖为 8 帖，

假设折页 0.03 元/帖，排书 0.01 元/帖，穿线 0.04 元/帖，精装 1.80 元/本，

则　精装装订费 =（精装费用 + 折页 + 排书 + 穿线）× 装订本数
=（1.80 + 8×0.03 + 8×0.01 + 8×0.04）× 5000
= 12200（元）。

二、书刊装订费用的计算（出版社）

书刊装订工价如表 5-1 所示。

表 5-1　书刊装订工价　　　　　　　　　　　　　　　　　　　　　　　元

项　目	计算单位	8 开	16 开	32 开	64 开
平装书铁丝平订	册	0.05	0.044	0.055	0.083
胶订	册	0.055	0.05	0.058	0.11
精平装、锁线订	册	0.064	0.058	0.074	0.14
骑马订	册	0.04	0.042	0.045	0.064

上表中的工价（3 个印张）包括的工序有折页、配页、上皮、订本、锁线、切成品、送书、捆工、包费，不包括精装糊封及上封、烫金、压痕、装订零件。

（1）每册以 3 个印张为基数，订数不足 2000 按 2000 册计。骑订画报类按相应开本加价 75%。

（2）书刊装订计算在基数以上每增加一个印张，按表 5-1 工价加 30% 计，依此类推。

（3）正文用铜版纸，照上表工价加收 40%；用胶版纸及 70g/m² 以上厚纸，45g/m² 以下薄纸装订的，照上表工价加收 30%。正文用不同纸张混装（1 印张以上）除分别按所属纸张计算外，全书正文加价 10%；平装封面用纸在 180g/m² 以上者，每千册加收 4.00 元。压塑料薄膜的封面，每千册加收 25.00 元（需垫衬纸者，纸由委印单位负担，需压痕线者，8 开及以下每千册加收 6.00 元）。

（4）平装锁线、胶订书的书脊垫卡纸者，每千印张另收工料费 1.70 元，书脊加纱布者，每千印张另收工料费 3.50 元。

（5）采用横 16 开本、横 32 开本装订，850mm×1168mm 加价 20%，880mm×1230mm 加价 40%。

（6）超过 192 页（384 面）的厚平装书用铁丝订者；锁线、胶订书超过 320 页（640 面）者加价 5%。

(7) 拣（粘）单页装订按平订加价 30%。

(8) 挂历装订工价：4 开每本 0.20 元；3 开每本 0.25 元；对开每本 0.35 元；每本 6~7 张装订者按 8 折计算（以上工价不含材料费）。

(9) 装订短版活加成（加价）办法：印数 1 万册及以下者加价 50%；2 万册及以下者加价 40%；3 万册及以下者加价 30%（此办法适用于全部装订）。批量产品需要预装一部分的，每令加收 50.00 元，预装部分不足 10 令按 10 令计。

(10) 需要密封包装者每令加收工费 0.70 元，配本包装 3 册以内每千印张加收配本费 2.50 元，每增加 1 册加价 10%，配本费以每千印张 6.00 元为限。包装材料及期刊捆扎上下垫牛皮纸者，材料费由委印单位负担。

(11) 书刊装订完成后，如委印单位自办发行或特殊原因暂存工厂者，以一个月为限，过期每日按书码洋（定价）2‰计收保管费，货款未清者每日另收 1‰ 的延误结算费。

(12) 经典著作、重点及特殊要求产品加价 20%。

例 6 1500 册 16 开本、3 个印张的期刊，封皮 157g/m^2 铜版纸印刷，内文采用 55g/m^2 书写纸印刷，骑马订装订，求装订费。

计算及分析过程：

订数不足 2000 按 2000 册计，

16 开本 3 个印张 0.042 元/册。

封皮 157g/m^2 铜版纸，加价 40%，

印数 1 万册及以下者加价 50%，

则，每册单价 = 0.042 + 0.042 × (40% + 50%) = 0.0798（元）

即，装订费 = 0.0798 元 × 2000 = 159.6（元）

例 7 25000 册 32 开本、12 个印张的一本书，封皮 157g/m^2 铜版纸印刷且覆膜，内文 70g/m^2 双胶纸印刷，装订采用无线胶装且书脊垫卡纸和纱布，书刊装订结束后每 10 册牛皮纸一小包装，求装订费。

计算及分析过程：

32 开无线胶订 0.058 元/册（3 个印张），

在基数以上每增加一个印张加价 30%，则加价 9 × 30% = 270%。

用胶版纸及 70g/m^2 以上厚纸加价 30%，

胶订书超过 320 页者加价 5%，

3 万册及以下者加价 30%，

则，每册单价 = 0.058 × (270% + 30% + 5% + 30%) = 0.19（元）；

压塑料薄膜的封面，每千册加收 25.00 元，

则，25000 册费用 = 25 × 25 = 625（元）；

胶订书的书脊垫卡纸者，每千印张另收工料费 1.70 元，

则，25000 × 12 ÷ 1000 × 1.7 元 = 300 × 1.7 元 = 510（元）；

书脊加纱布者，每千印张另收工料费 3.50 元，

则，300 × 3.5 = 1050（元）；

小包装者每令加收工费 0.70 元，

则，25000×12÷1000×0.7=300×0.70=210（元）；

包装材料：牛皮纸、垫纸等约合 2500 包×0.10 元/包=250（元）；

即，装订费=25000×0.19+625+510+1050+210+250=7145（元）。

三、精装封面加工费计价

精装封面加工费计价如表 5-2 所示。

表 5-2　精装封面加工费计价　　　　　　　　　　　　　　　　　　　　　　　　　元

分类	计算单位	16 开及大于 32 开	32 开及大于 64 开	64 开及以下
全布（纸）面硬封	个	0.26	0.20	0.17
布脊纸面硬封	个	0.30	0.26	0.20
布脊纸面布角	个	0.34	0.27	0.22
丝毛、化纤织品硬封	个	0.55	0.44	0.34

表 5-2 的工价包括的工序有开料、糊工，不含材料费。

（1）布或丝毛、化纤料等的裱工，按实际情况另收费。

（2）每件总数不足 200 个者，按 200 个收费或另议。

（3）封面切圆角者，照表 5-2 工价加 20%。

（4）封面需要加裱填平的每百个收费 3.00 元（纸料委印者自备）。

（5）850mm×1168mm 规格开本照上表工价加 10%。15～10 开本按 16 开加价 20%；大于 16 开工价另议。

（6）使用涂塑纸、覆膜纸糊全封者，照表 5-2 工价加 50%。

四、精装上封费计价

精装上封费计价如表 5-3 所示。

表 5-3　精装上封费计价　　　　　　　　　　　　　　　　　　　　　　　　　　　元

分类	计算单位	16 开及大于 32 开	32 开及大于 64 开	64 开及以下
100 页以下	册	0.22	0.15	0.12
101～200 页	册	0.25	0.18	0.15
201～300 页	册	0.30	0.20	0.17
301～400 页	册	0.35	0.23	0.18
401～500 页	册	0.40	0.27	0.22

表 5-3 的工价包括的工序有扒圆、起脊、糊花头、贴环衬、裱封、压沟。

（1）每件总数不足 200 册按 200 册计算或另议。

（2）850mm×1168mm 规格开本照表 5-3 加价 10%，15～10 开按 16 开工价加 50%，大于 10 开工价另议。

（3）正文书页要圆角者加价 10%。

（4）堵头布、卡纸、纱布由工厂自备，每千印张收工料费 6.00 元。

（5）套塑料活封照表 5-3 折扣计算：

①扒圆、糊花头、书脊裹条、上下粘白板纸的按 80% 计算；

②不扒圆或不糊花头的按 60% 计算；

③只加工书芯不套皮的减 10%。

（6）精装书芯厚度超过 500 页的每超过 100 页，每册 16 开加 0.04 元；32 开加 0.03 元；64 开加 0.02 元，超厚页数不足 100 页按 100 页计算。

（7）书芯用 $70g/m^2$ 以上胶版纸者加价 10%；用铜版纸者加价 40%。

五、精装封面尺寸的计算

精装书的结构如图 5-1 所示。

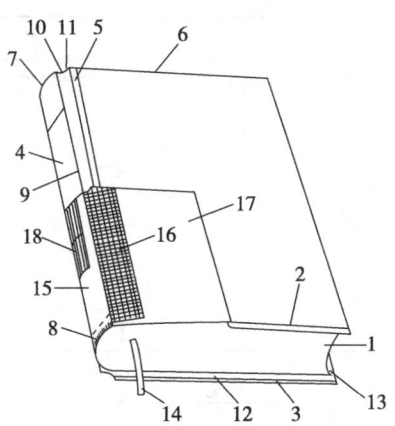

图 5-1　精装书的结构

1—书芯；2—封面；3—封底；4—书背；5—布腰；6—纸面；7—中径；8—堵头布；9—书脊；10—书槽；11—纸板厚；12—头脚飘口；13—口子飘口；14—书签带；15—中径纸；16—纱布；17—前衬；18—锁线线迹

1. 方脊脊面同料（一片）

脊面同料（一片）精装封面，如图 5-2 所示。

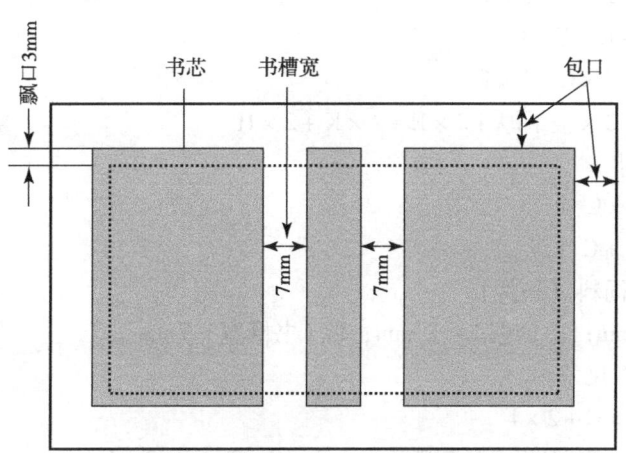

图 5-2　脊面同料（一片）精装封面

C（飘口）3mm；F（包口）15mm；E（书槽宽）7mm。

(1) 精装封面尺寸。

宽 = 书高 + 2×C + 2×F

长 = 2×书宽 + 书厚 + 2×板纸厚 + 2×C + 2×E + 2×F

(2) 板纸尺寸。

宽 = 书高 + 2×C

长 = 书宽 – E + C

2. 方脊脊面异料（三片）

脊面异料（三片）精装封面，如图5-3所示。

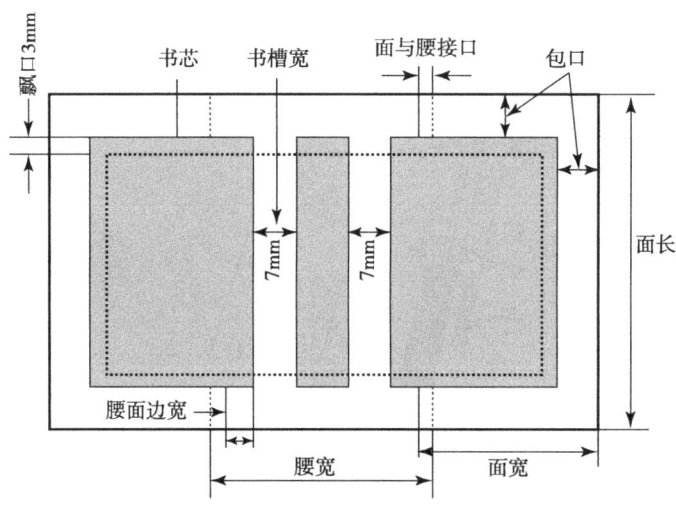

图5-3　脊面异料（三片）精装封面

C（飘口）3mm；F（包口）15mm；E（书槽宽）7mm；H（面与腰接口）10mm；K（腰面边宽）18mm。

(1) 精装封面尺寸。

面长 = 书高 + 2×C + 2×F

面宽 = 书宽 – K – E + C + F

腰长 = 书高 + 2×C + 2×F

腰宽 = 书厚 + 2×板纸厚 + 2×E + 2×K + 2×H

(2) 板纸尺寸。

宽 = 书高 + 2×C

长 = 书宽 – E + C

3. 圆脊脊面同料（一片）

C（飘口）3mm；F（包口）15mm；E（书槽宽）7mm。

(1) 精装封面尺寸。

宽 = 书高 + 2×C + 2×F

长 = 2×书宽 + 中缝宽（书脊弧长）+ 2×C + 2×E + 2×F

(2) 板纸尺寸。

宽 = 书高 + 2×C

长 = 书宽 – E + C

（3）书脊弧长的计算。

有脊（扒圆，起脊）弧长 =［130°×π×（书厚 + 2×板纸厚）/2］/180°

无脊（只扒圆，不起脊）弧长 =（130°×π×书厚/2）/180°

4. 圆脊脊面异料（三片）

C（飘口）3mm；F（包口）15mm；E（书槽宽）7mm；H（面与腰接口）10mm；K（腰面边宽）18mm。

（1）精装封面尺寸。

面长 = 书高 + 2×C + 2×F

面宽 = 书宽 – K – E + C + F

腰长 = 书高 + 2×C + 2×F

腰宽 = 书脊弧长 + 2×E + 2×K + 2×H

（2）板纸尺寸。

宽 = 书高 + 2×C

长 = 书宽 – E + C

（3）书脊弧长的计算。

有脊（扒圆，起脊）弧长 =（130°×π×书厚/2）/180°

无脊（只扒圆，不起脊）弧长 =［130°×π×（书厚 + 2×板纸厚）/2］/180°

例8 16开本，成品尺寸为210mm×285mm（H），内文272面，用157g/m² 双粉纸，精装方脊，衬纸用140g/m² 书纸，脊面同料，板纸厚为3mm。

根据内文272面，用157g/m² 双粉纸测算，书的厚度为18mm，

则　精装封面尺寸　长 = 2×210 + 18 + 2×3 + 2×7 + 2×3 + 2×15

= 494（mm）

宽 = 285 + 2×3 + 2×15 = 321（mm）

例9 32开本，成品尺寸为140mm×203mm（H），内文836面，用60g/m² 书纸，精装圆脊，起脊，衬纸用140g/m² 书纸，脊面同料，板纸厚为2mm。

根据内文836面，用60g/m² 书纸测算，书的厚度为36mm，

则　精装封面尺寸长 = 2×140 + 46 + 2×7 + 2×3 + 2×15

= 376（mm）

宽 = 203 + 2×3 + 2×15 = 239（mm）

书脊弧长 =［130°×π×（书厚 + 2×板纸厚）/2］/180°

=［130°×3.142×（36 + 2×2）/2］/180° = 46（mm）

例10 32开本，成品尺寸为130mm×185mm（H），内文96面，用80g/m² 书纸，精装方脊，自衬，脊面异料，板纸厚为2mm。

根据内文96面，用80g/m² 书纸测算，书的厚度为6mm

则　精装封面尺寸面长 = 185 + 2×3 + 2×15 = 221（mm）

面宽 = 130 – 7 – 18 + 3 + 15 = 123（mm）

腰长 = 185 + 2×3 + 2×15 = 221（mm）

腰宽 = 6 + 2×2 + 2×7 + 2×18 + 2×10 = 80（mm）

第二节　印后零件计价

【任务】 正确认识印后零件加工计价在印后计价实践中的重要性，掌握印后零件品装订的计算方法。

【分析】 教师从印后加工的形式引出本节课的内容，详细讲解印后零件加工的计算方法。

随着图书市场的繁荣以及包装行业的发展，客户对印刷品印后加工工艺的要求也日趋苛刻，随之而带来的是千变万化的印后加工工艺。

一、书刊装订零件计价

书刊装订零件计价如表5-4所示。

表5-4　书刊装订零件计价　　　　　　　　　　　　　　　　　　　　　　　　　元

项目	计算单位	工价	项目	计算单位	工价
割一刀	千刀	5.00	折图表（开图）	千折	3.50
粘页	千页	4.00	折前口	千册	20.00
折页	千页	1.20	折前口（覆膜）	千册	32.00
粘前环衬	千册	7.00	加包封	千册	30.00
贴前后环衬	千册	13.00	加丝带	千册	16.00
点续拷贝纸	千张	6.50	包里封	千册	22.00
套页	千张	3.20	压膜封面	千册	20.00
折图表	千折	2.50			

①表5-4的价格以787mm×1092mm规格的纸张为基准，超过以上规格的纸张，按上表工价加20%。

②32开及以下者，按表5-4工价计算；16开及以上者，按表5-4工价加50%；8开及以上者，按表5-4工价加100%。

二、覆膜、上光计价

覆膜、上光计价如表5-5所示。

表5-5　覆膜、上光计价　　　　　　　　　　　　　　　　　　　　　　　　　　元

项目		计算单位/张	开数								
			2	4	6	8	10	12	14	16	32
覆膜	亮膜		0.50	0.33	0.24	0.20	0.17	0.14	0.12	0.10	0.07
	亚光膜		0.80	0.36	0.26	0.23	0.19	0.16	0.14	0.12	0.09
上光	上亮光		0.32	0.21							
	上亚光		0.42	0.32							

①书刊封面、卡片等不足 2000 个按 2000 个计，1 万以下按单个计，1 万以上按纸张大小计。以上价格包括工料费。

②开窗覆膜加价 50%，急件加收 30%～50%。

③宽度是 787mm 以上的纸，加价 30%。

三、压痕、模切计价

压痕、模切计价如表 5-6 所示。

表 5-6　压痕、模切计价　　　　　　　　　　　　　　　　　　　　　　元

规格（mm×mm）开数	2000 张及以内基础价	超基数每增加一印张加收标准
780×540（2~3 开）	850	0.05
540×390（4~7 开）	600	0.035
390×270（8~13 开）	420	0.025
270×200（14 开以下）	320	0.019

①压痕、模切加工收费标准包括模具、上版、模切、整理费。

②以上工价以每张每压次为计算单位。每批在 2000 压次及以内者，只收基础价；压次在 2000 以上者，除照收基础价外，还应另收超基础标准计收工价。其计算公式为：

总金额 = 基础价 +（实际印数 - 2000 印）× 超基础加价

③以上工价以 787mm×1092mm 规格的纸张为标准，超过此标准者加价 30%，纸张宽度超过 900mm 者按全张纸计算。

④如只收模切工费，如：某一区域每模切 1000 张四开 25 元，每模切 1000 张对开 40 元。

四、糊盒、对裱计价

糊盒计价如表 5-7 所示。

表 5-7　糊盒计价　　　　　　　　　　　　　　　　　　　　　　　　　元

工序	糊一道口	糊一道口 自封底点浆糊	倒口	对裱 两对开印张
2~3 开	0.035	0.08	0.01	
4~7 开	0.035	0.07	0.008	
8~18 开	0.02	0.045	0.006	0.50
19~32 开	0.015	0.035	0.004	
33~64 开	0.011	0.025	0.002	
65 开以下	0.008	0.016	0.001	

①糊盒数量如在 3000 个以下，按实际耗用工时计价，但总价不能超过按本工价表单价加工 3000 个的价格。

②表 5-7 中的计价是以 787mm×1092mm 的纸张为标准，超过该规格的，加价 30%。

③上表价格包括模切。

五、信封、口袋、卷宗加工计价

信封、口袋、卷宗加工计价如表5-8所示。

表5-8 信封、口袋、卷宗加工计价   元

规格	计算单位	药口袋信封类	起墙口袋		起墙卷宗		一般卷宗
			气眼小线	不打气眼	4面起	中间两道	
2~3开	千个	9.00	60	53	60	36	25
4~7开	千个	6.20	53	44	52	32	20
8~16开	千个	4.80					
17~31开	千个	3.60					
32开及以下	千个	2.50					

①信封、口袋、卷宗加工不足1000个按1000个计，1000个以上按实际数计。
②表5-8价格不包括气眼、小线等，由客户自备。
③包式信封按表5-8工价的50%计。
④表5-8中的计价是以787mm×1092mm的纸张为标准，超过该规格的，加价30%。
⑤粘信封和药口袋的价格包括开封（模切）。

六、烫金及压凸计价

烫金及压凸计价如表5-9所示。

表5-9 烫金及压凸计价   元

分类	计算单位	16开及大于32开	32开及大于64开	64开及以下
烫印电化铝	次	0.10	0.07	0.05
压凹凸印	次	0.07	0.05	0.05
烫印及压印上版	每次	20.00		

①表5-9工价不包括电化铝材料费，电化铝按实际耗用计算，或由客户自备。
②每件总数不足200册按200册计算或另议。
③烫金压印每万印算一次上版费。
④15~10开照16开工价加50%；大于10开工价另议。
⑤套色烫金及上版加价20%，经典著作、重点及特殊要求产品加价20%。

习 题

1. 有一客户要印一本正16开的书，12个印张，内文用$60g/m^2$双胶纸轮转印刷，封皮用$157g/m^2$铜版纸，锁线订，印刷30000册。试求装订费。

2. 1500册的锁线精装书，全书共23个印张，内文用70g/m²胶版纸印刷。书壳用2mm厚的纸板，并裱糊特种纸，封面上烫金面积约12cm²，求装订费。（假设：折页0.03元/帖，排书0.01元/帖，穿线0.04元/帖，精装1.80元/本）

3. 16开本的书籍，成品尺寸为210mm×285mm（H），内文372面，用128g/m²双粉纸，精装方脊，衬纸用110g/m²书纸，脊面同料，板纸厚为2mm。求精装封面尺寸。（128g/m²双粉纸的纸厚0.11mm）

4. 32开本的书籍，成品尺寸为130mm×185mm（H），内文636面，用70g/m²书纸，精装圆脊，起脊，衬纸用140g/m²书纸，脊面同料，板纸厚为2mm。求精装封面尺寸、脊弧长。（70g/m²书纸的纸厚0.07mm）

5. 32开本的书籍，成品尺寸为140mm×203mm（H），内文196面，用80g/m²书纸，精装方脊，自衬，脊面异料，板纸厚为3mm。求精装封面尺寸。（80g/m²书纸的纸厚0.08mm）

6. 5000张四开印刷结束的半成品需覆亮膜，需要多少钱？如果改为覆亚膜呢？

7. 2000张四开印刷、覆膜结束的半成品，需模切、压痕成型，需要多少加工费？

8. 500张四开印刷结束的半成品，分别有一处约25平方厘米要起凸和一处约40平方厘米烫金（电化铝材料自备），需要多少加工费？（含版费）

9. 粘糊25000个七号信封，需要多少钱？

第六章 印刷估价

应知要点：
1. 了解印刷估价与印刷计价的区别。
2. 掌握字数与印张的估算。
3. 掌握制版费用、印刷费用、印后费用的估算。
4. 掌握纸张材料费用的估算。

应会要点：
1. 学会字数与印张的估算。
2. 学会制版费用、印刷费用、印后费用的估算方法。
3. 学会纸张材料费用的估算方法。

在印刷成本核算中，印刷业务中的估价以其方便、快捷在实际工作中占据着重要的地位。那么，什么是印刷估价呢？从某种意义上讲，印刷估价就是预先对印刷活件的成本核算。但是在本课程中，印刷估价则是指人们对客户们提供的活件进行印刷成本的核算，即我们日常所说的对印刷活件的报价。在这个提供客户的报价中，包含了两层含义。第一层含义是针对客户本身来说的，它是指客户提供的活件要进行印刷的成本；第二层含义是针对印刷企业而言的，它在此时又包含了两方面：一方面，它包含了印刷该活件的实际成本，如：人工成本、材料成本、机器折旧成本、水电成本、场地成本等实际已发生的成本；另一方面，它还包含了印刷企业印刷该活件的利润。这两方面概括起来，印刷估价就是印刷企业加工活件应该收取的加工服务费。

第一节 印刷估价的依据和方法

【任务】 正确认识印刷估价在印刷品计价实践中的重要性，了解印刷估价的依据和方法，了解印刷计价与印刷估价的区别。

【分析】 教师从为何要进行印刷估价引出本节课的内容，印刷计价与印刷估价的区别是本节课的重点。

一、印刷估价的依据

印刷估价主要依据印刷工价表完成，由于我国各省份、各地区的经济发展水平不平衡，因此各省份、各地区的印刷工价也不相同。这也造成同一印刷活件，不同地区和不同省份之间的报价，其结果是不同的。所以这也为跨省接单带来了复杂性和不确定性。

二、印刷估价的方法

尽管印刷报价在各省份、各地区存在区别，但有一基本点是相同的，即不同省份、不同地区之间采取报价体系大体上是一致的。在印刷活件的报价上，印刷企业（包括出版社）大体上采取了两种方法：一种是根据印刷活件的加工工序进行报价；另一种是首先将需要印刷的活件进行分类，然后再将需要印刷的活件中的每一类按印刷工序进行单独的报价，即所谓的根据印刷活件的印刷对象进行报价。

1. 根据印刷加工工序的报价法

我们都知道，完成一件印刷品，大致需要经过原稿分析、印前图文信息处理、制版、晒版、印刷、印后加工等工序。在报价时，就要告诉客户该印刷活件的制版费是多少、晒版费是多少、印刷费是多少、印后加工费是多少，需注意的是，以上各工序的费用中，均包含了相关的材料费，如胶片费、PS版材费等，唯独印刷过程中的承印物材料费用需单独计算，如印刷书刊、报纸、杂志等的纸张费用。所以在报价时，应标明印刷活件所需的承印材料费用。以上所有费用的总和才是印刷该活件所需的总费用。按这种模式进行的报价称为根据印刷加工工序的报价法。

2. 根据印刷对象类别的报价法

根据印刷对象类别的报价法与根据印刷加工工序的报价法理论上是一致的，只不过前者需要将印刷活件先进行分类，然后再按照后者的方法计算。最后将每一个需要印刷的对象成本汇总。这样得出的报价就是根据印刷对象类别的报价法。

例如，现有一本书需要印刷，书中有彩插、有黑白文字的正文，还有彩色封面。根据印刷对象报价时，先将书分为彩插、正文、封面三个对象，然后将每一个对象按印刷工序报价法分别进行报价，最后将整个费用汇总后报给客户。

3. 两种报价方法的优缺点比较

前者报价直接，能让客户知道每一个工序需要的费用。但具体到每一个对象的费用时就存在不足。

后者报价烦琐，但详细，能为客户在选择印刷形式时提供决策。

三、印刷估价与计价的区别

印刷估价与计价的区别如表6-1所示。

表6-1 印刷估价与计价的区别

项目	速度	精确度	确定性	时点
印刷计价	适宜	100%	100%	产品完成后
印刷估价	尽可能快	误差尽量小	不全部确定	签单之前

印刷计价与估价的区别是由两者的功能不同决定的。计价是产品完成以后向客户结算的依据。因为产品已经加工完成，所以有准确的全部的计价所需的数据，有精确计算的客观可能。由于是向客户结算的依据，所以必须要准确无误。当然，时间上就可以相对宽余一些。估价与计价的要求正好相反。估价发生在印刷厂和出版或委印单位签订合同之前，为了抢占先机，赢得市场，必须尽可能快地报价，所以时间可能是第一位的。因为是估价，所以不要求绝对准确，可以线条较粗。有些参数可能是出版或委印单位也未确定的，一切要以合同为准。有些参数，如印张数，可能要等制版完成后才能确定，也要在合同中申明。所以出版或委印单位和印刷厂要对估价有正确的认识，时间第一，准确第二，允许有误差，当然误差越小越好。作为印刷厂一方，更要发挥行业之合力，研究既快捷，又尽量准确的计算方法。

第二节　印张的估算

【任务】正确认识印张的估算在印刷估价实践中的重要性，掌握各种文字稿字数的估算；掌握各种原稿印张的估算。

【分析】教师从印张的估算是印刷估价的重要依据引出本节课的内容，印张的估算方法是本节课的重点。

印张是一本书刊所用纸张数量的计量单位，以单张对开纸印刷正反两面为一个印张。

计算印张最简单的公式为：印张数＝总页码（也可以称为面或版）数（必须是偶数）/开本数。如某16开本的书，总页码数为240，则该书的印张数＝240/16＝15。

在日常估价工作中，经常遇到出版或委印单位在一本书发排前要预先知道需要用多少纸张以及整本书的工价是多少的情况，以便编制预算。但由于计算不出该书能够排出多少版面，因此有时准备的纸张不够，有时又余数太大，而且加工费用也计算不出来，预算也就无法编制。估价的基础首先就是要确定印张的数量，否则一切都无从谈起或者出入较大。那么，应如何确定估价产品的印张数呢？最准确的办法是根据出版社或委印单位提供的组好版的电子文件的页码顺序，计算出该产品的印张数。如果出版社或委印单位提供的是文字或图片原稿，则复杂一些。下面介绍一些经验算法，不十分精确，仅供参考。在签订合同时，应说明实际计价印张以制版完成、出版社或委印单位确认后的数据为准，以免产生纠纷。

一、中文（日文、朝文）文字产品印张的估算方法

由于中、日、朝文都是方块字，长向与宽向都一样，计算起来比较方便，只要决定了该书的开本尺寸，正文用多大字号排版，行间距是多大，就可以计算。

例如，一本10万字的书，32开本，用老5号字体，加对开条，要排多少版？

我们知道，32开本的尺寸是130mm×184mm，则横向应是130mm×75%＝97.5mm，折合老5号字的字数为26.5个字，因半个字是无法排的，所以可排26个字。而高向是184mm×80%＝147.2mm，可排27行。当每面的行数与字数都确定了，即27

行×26字/行＝702字，则10万字要排142版。但在实际计算版面时，则必须考虑到该书留有扉页、版权、前言、目录等，还须考虑书中的标题字因采用大一号或大两号的字，所占行数比正文多，所以要预留出10%～15%的版面。

下面是两本都为10万字的书，用不同字体排成16开和32开本所排出的版面数量。

1. 排成16开的版面数量

开本尺寸是187mm×260mm，版心尺寸是140mm×208mm，不同大小的字可排出的版面数量如表6-2所列。

表6-2　不同大小的字排成16开的版面数量

字号大小	每面可排字数	可排版面数量
小五号（加小五对开条）	44×44＝1936	约60面
老五号（加老五对开条）	38×38＝1444	约80面
小四号（加7.25p条）	33×30＝990	约110面
老四号（加10.5p条）	28×25＝700	约150面

2. 排成32开的版面数量

开本尺寸是130mm×184mm，版心尺寸是98mm×148mm，不同大小的字可排出的版面数量如表6-3所列。

表6-3　不同大小的字排成32开的版面数量

字号大小	每面可排字数	可排版面数量
小五号（加小五对开条）	31×31＝961	约120面
老五号（加老五对开条）	27×27＝729	约160面
小四号（加7.25p条）	23×21＝483	约230面
老四号（加10.5p条）	20×17＝340	约320面

上述计算都是大约数，由于每本书的内容不同，有的标题多，有的标题少，有的有图表，而有的没有图表，所以还须综合考虑其他因素。

二、外文（拉丁文、斯拉夫文）文字产品印张的估算方法

（1）如果作者提供的外文原稿是电子文件，则可首先请编辑或设计人员设计该书的字体、字号、行长、行间空距等排版格式，对原电子文件加入指令进行重新编辑后，再按排出的页码数折算出印张数即可。如果原稿篇幅太长，可对确定数量的篇幅如10面的内容进行部分加工，得出编辑后的篇幅与原电子文件10面的比例，然后按比例折算出页码和印张也可以。当然编辑的面数越多，计算就越精确。

（2）中外文互译，也可以参考上述办法。中文书籍翻译为外文版时，也可以采取同样的办法进行。

（3）外文（拉丁文、斯拉夫文）文字产品打字机原稿页码和印张的估算。可以试录入10面，并请编辑或设计人员设定该书的字体、行长、行间空距等排版格式，加指令进行编辑，得出编辑后的原外文稿件10面的比例，然后按比例折算出该书的页码和

印张。同样试录的面数越多，计算就越精确。

如果不试录，也可以采用下述办法直接估算。

外文字数与所排版面在折算时首先要知道各种字体字号的外文字母字身宽度的平均值、各种打字机原稿与电脑字库中的外文字折算方法、每英寸（长度）可以容纳各种字体的字母数和每英寸（高度）可以排列的行数。

但由于外文字身有宽窄不一等其他原因，因此在计算时，还必须考虑到以下六点：

①外文字母不是方块字，它的大小不同，宽窄不一。

②外文字母由于字体不同，其字母的宽窄程度也不一样，文字的宋、仿、楷、黑字体虽不同，大小仍一致。如外文中普里码斯体的字母比格拉蒙体要大10%左右，其他字体也不完全相同。

③各种外文所用的字母比例也不相同。如英、法、西等文种用窄身字母 e、t、I、l 较多，而德文和斯瓦希里文用宽身字母 m、w、n、u 较多。

④外文字母不同号字的大小比例与中文不一样。中文字一个二号字（21磅）全身等于四个五号字（10.5磅）的全身，而外文字一个12磅字绝不等于四个6磅字的总和。

⑤中文字间不空格，而外文每个单字间都必须空格，加上外文分行时要考虑音节，所以每个单字之间的距离不同。

⑥打字机上字键的宽度也不相同，大的1英寸可排10个字母，小的可排12个字母。而且所有打字机（Typewriting）打出的原稿只能是前面齐，后面不齐，所以每行的实际字数也不相同。

三、图片产品印张的估算

以图片为主的画册印张的估算，首先要有较明确的设计意图。每版安排几张图片，有无接版图，然后用图片总数除以每版图片数的值，再除以开本数就得出图片的印张数。按前述的计算方法再得出纯文字部分的版数，将文字部分和图片部分两者的印张数相加即可得出该画册的总印张数。

第三节　印制加工费用的估算

【任务】正确认识印制加工费用估算的重要性，掌握制版费用、印刷费用和装订费用的估算。

【分析】教师从印刷品的三个加工工序引出本节课的内容，通过实例讲解印制加工费用的估算。

一、制版费用的估算

1．文字排版费用的估算

排版费总价格 = 每面单价 × 面数

排版费每册价格 = 排版费总价格/册数

排版费每印张价格＝排版费每册价格/印张数

2. 彩色制版费用的估算

彩色制版费总价格＝每面单价×面数

彩色制版费每册价格＝彩色制版费总价格/册数

彩色制版费每印张价格＝彩色制版费每册价格/印张数。

二、印刷费用的估算

1. 单张纸胶印机印刷文字类产品

每印张印刷费＝每对开千印单价/1000×色数＋每对开版每色晒上版单价×色数/印数

2. 轮转胶印机印刷文字类产品

每印张印刷费＝每千印单价/1000＋每对开版每色晒上版单价×色数/印数

文字类产品每册印刷费＝文字类产品每印张印刷费×印张数

文字类产品总印刷费＝文字类产品每册印刷费×册数

3. 彩插类产品

每印张印刷费＝每对开千印单价/1000×色数＋每对开版每色晒上版单价×色数/印数

彩插类产品每册印刷费＝彩插类产品每印张印刷费×印张数

彩插类产品总印刷费＝彩插类产品每册印刷费×册数

4. 彩封类产品

每册印刷费＝每对开千印单价/1000×色数/对开容纳数＋每对开版每色晒上版单价×色数/印数

彩封类产品总印刷费＝彩封类产品每册印刷费×册数

需要注意的是，彩插、彩封类产品的印张数中如有零印张，应将零印张分解为若干装版印张计算印刷费，然后再与印张的整数部分的印刷费相加。

5. 不足一个印张的彩插等零件产品，可以按彩封计价方式计算

如0.5印张的彩插产品，可套用彩封的计算公式，即0.5印张的彩插产品单张价格＝每对开千印单价/1000×色数/2（对开容纳数）＋每对开版每色晒上版单价×色数/印数。

综上，产品每册印刷费＝文字类每册印刷费＋彩插类每册印刷费＋彩封每册印刷费；产品总印刷费＝每册总印刷费×册数。

三、装订费用的估算

1. 骑马订产品的估价

每印张加工费＝3印张单价/3＋打捆每令单价/1000

每册加工费＝3印张单价/3×印张数

每册打捆费＝每令单价/1000×印张数

每册总加工费＝每册加工费＋每册打捆费

批产品总加工费＝每印张加工费×印张数×册数＝每册总加工费×册数

2．胶订产品的估价

每印张加工费 = 3 印张单价/3 + 胶黏剂的差价/1000 + 每包单价/每包本数×每本印张数

每册加工费 = 每印张加工费×印数

批产品总加工费 = 每印张加工费×印张数×册数 = 每册总加工费×册数

3．锁线平订产品的计价

每印张加工费 = 3 印张单价/3 + 纱卡单价/1000 + 每包打包单价/每包本数×每本印张数

每册加工费 = 每印张加工费×印数

批产品总加工费 = 每印张加工费×印张数×册数 = 每册总加工费×册数

4．假精装产品的估价

每印张加工费 = 3 印张单价/3 + 每包打包单价/每包本数×每本印张数

每册加工费 = 每印张加工费×印数 + 包里封单价/1000 + 折前口单价/1000

批产品总加工费 = 每册加工费×册数

5．精装产品的估价

每册书芯加工费 =（正文 3 印张单价/3 + 纱卡单价/1000）×印张数 +〔彩插 3 印张单价/3×（1 + 纸张加成系数）+ 纱卡单价/1000〕×印张数

每册制壳费 = 单价×加成系数

不超过 600 页的书，每册上封费 = 单价；超过 600 页的书，每册上封费 = 单价×〔1 +（页数 - 600）/50（商入整）×5%〕。

所以，每册装订费 = 每册书芯加工费 + 每册制壳费 + 每册上封费。

精装产品每册价格 = 每册制版费 + 每册印刷费 + 每册装订费；批产品总加工费 = 每册总加工费×册数。

6．举例

一本大 16 开的书，文字 200 面，用书写纸印刷，彩插 64 面，用 128g/m² 铜版纸印刷，彩封单面，纸面精装，印数 3000 册。（制版费：排版费单价 8 元/面、彩色制版费单价 120 元/面；印刷费：文字印刷费 10 元/色令、彩色印刷费 30 元/色令、PS 版费 75 元/张；装订费：书芯加工费 0.047 元/3 印张、纱卡单价 4 元/1000 册、加成系数 0.4）该书的印制费用估价如下：

①制版费。

排版费总价 = 8 元/面×200 面 = 1600 元

彩色制版费总价 = 120 元/面×（64 面 + 2 面）= 7920 元

所以，每册制版费 =（1600 元 + 7920 元）/3000 = 3.18 元

②印刷费。

文字每印张印刷费 = 10 元/1000×2 色 + 75 元×2 色/3000 = 0.02 元 + 0.05 元 = 0.07 元。

每本文字印刷费 = 0.07 元×200/16 = 0.875 元。这一项因有半个印张，所以应当增加 75×1/3000 = 0.025（元），每本文字印刷费共为 0.875 + 0.025 = 0.90（元）。

彩插每印张印刷费 = 30 元/1000×8 色 + 75 元×8 色/3000 = 0.24 元 + 0.20 元 =

0.44元。

每本彩插印刷费 = 0.44元×64/16 = 1.76元

每本彩封印刷费 = 30元/1000×4色/4（对开容纳数）+ 75元色×4色/3000 = 0.03元 + 0.10元 = 0.13元。

所以，每本印刷费 = 0.9元 + 1.76元 + 0.13元 = 2.79元

③装订费。

每册书芯加工费 = （0.047元/3 + 4元/1000）×200/16 + ［0.047元/3×（1 + 0.4）+ 4元/1000］×64/16 = 0.35元

每册制壳费 = 0.19元×（1 + 50%）= 0.29元

每册上封费 = 0.18元

所以，每册装订费 = 0.35元 + 0.29元 + 0.18元 = 0.82元

综上，每册的印制价格 = 3.18元 + 2.79元 + 0.82元 = 6.79元。

第四节　纸张材料费用的估算

【任务】正确认识纸张材料费用估算的重要性，掌握两种纸张（平板纸和卷筒纸）价格的估算。

【分析】教师从印张的定义及纸张材料是印品成本的主要组成引出本节课的内容，通过实例讲解纸张材料费用的估算。

使用印张法进行纸张材料费用的估算最为快捷。

一、平板纸印张价格的估算

1．纸张印张价格

纸张印张价格 = 每令价格/1000。例如每令纸价格为150元，则该纸张印张价格为150元/1000 = 0.15元。

2．纸张吨令价格

有时纸张供应商给出的是每吨纸张的价格，而不是每令的价格，那就需要进行纸张吨令价格的折算。例如某纸张吨价为6000元，该纸张每吨为30令。则该纸张每令价格为6000/30 = 200（元）。

纸张每吨令数是如何计算出来的呢？可通过公式：纸张令数 = 1000千克/（纸张克重×纸张宽×纸张长×500）计算。公式可简化为：2000/（纸张克重×纸张宽×纸张长）。例如787mm×1092mm的60g/m²的纸张，其每吨令数为2000/（60×0.787×1.092）= 38.787令。

二、卷筒纸印张价格的估算

卷筒纸供应商提供的是每吨纸张的价格，这就需要我们进行纸张吨令价格的折算。首先要计算卷筒纸的出纸率。按有关规定，卷筒纸的出纸率一般为同参数同重量平板纸折合令数的90%左右，由此可推导出卷筒纸的吨令折算公式，即纸张令数 = ［2000/

（纸张克重×纸张宽×纸张长）]×90%。

需要说明的是，该公式中的纸张宽度不是平板纸宽边的尺寸，而应当是轮转机每一圆周对纸张裁切尺寸的2倍。使用正度尺寸的轮转机印刷卷筒纸时，一般每一圆周对纸张裁切尺寸为550mm，使用大度尺寸的轮转机印刷卷筒纸时，一般每一圆周对纸张裁切尺寸为620mm。表2-1所列为常用规格卷筒纸的每吨令数，供参考。

第五节　优化估价法

【任务】正确认识优化估价法的重要性，掌握固定成本和可变成本的内涵。

【分析】教师从印品成本的主要组成引出本节课的内容，详细讲解印刷品的优化估价法。

一、固定成本和可变成本分别计算法

可变成本在这里专指其单价随册数改变而变化的制版价格和晒上版价格。除此之外的计价项目，如印刷、装订、纸张材料价格等，均定义为固定成本。

这种快捷的估价方法主要为出版或委印单位频繁改变产品参数时应用。例如，一本大16开的书籍，内文200面，用书写纸印刷；内文彩插64面，用$128g/m^2$铜版纸印刷。彩封单面，纸面精装，印数3000册，用此法估价如下：

1．可变成本

（1）制版费。

①排版费总价＝8元/面×200面＝1600元

②彩色制版费总价＝120元/面×（64面＋2面）＝7920元

所以，每册制版费＝（1600元＋7920元）/3000＝3.18元

（2）晒上版费。

①文字每册晒上版费＝每印张晒上版费×印版数/3000＝75元×2×13（印张数入整）/3000＝0.65元

②彩插每册晒上版费＝每印张彩插晒上版费×印版数/3000＝75元×8×4/3000＝0.80元

③彩封每册晒上版费＝75元×4/3000＝0.10元

所以，每册晒上版费＝0.65元＋0.80元＋0.10元＝1.55元。每册制版费与每册晒上版费之和即构成每册可变成本，故上例中每册可变成本为3.18元＋1.55元＝4.73元。

2．固定成本

（1）印刷费。

①文字每印张印刷费＝10/1000×2（色）＝0.02（元）

每册文字印刷费＝0.02×200/16＝0.25（元）

②彩插每印张印刷费＝30元/1000×8（色）＝0.24元

每册彩插印制费＝0.24元×64/16＝0.96元

③每册彩封印刷费=30元/1000×4（色）/4（对开容纳数）=0.03元

所以，每册印刷费=0.25元+0.96元+0.03元=1.24元

（2）装订费。

①每册书芯加工费=（0.047元/3+4元/1000）×200/16+[0.047/3×（1+0.4）+4元/1000]×64/16（彩色印张数）=0.35元

②每册制壳费=0.19元×（1+50%）=0.29元

③每册上封费=0.18元

所以，每册装订费=0.35元+0.29元+0.18元=0.82元

每册印刷费与每册装订费之和即构成每册固定成本，故上例中每册固定成本为1.24元+0.82元=2.06元。

这样，当出版或委印单位改变印数时，我们就可以很快地估算出新的价格。例如，当上例的印数改为4000册时，每册的报价为4.73元（可变成本）×3/4+2.06元（固定成本）=5.61元；当印数改为5000册时，每册的报价为4.73元（可变成本）×3/5+2.06元（固定成本）=4.90元，依此类推。

二、起印数及以下产品的估价方法

起印数计价依据加工工艺和地域的不同有所区别，例如，凸版印刷不足2000印按2000计价；平版印刷不足5000印按5000计价，也有的地区不足3000按3000计价；装订不足4000按4000计价。笔者建议所有加工项目最低计价数量应全国统一。

起印数及以下产品的估价以算总价为好为快，即常说的算大数。

三、起印数及以上产品的估价方法

起印数及以上产品的速算估价以估算每册单价为好为快，即常说的算小数。

习　题

1. 什么是印刷工序报价法？什么是印刷对象报价法？两者的区别是什么？
2. 印刷估价与计价有何区别？
3. 一本15万字的书，排32开本，每面排版要求27×27，要排多少版？
4. 一本25万字的书，排16开本，每面排版要求32×32，要排多少版？合多少印张？
5. 一本大32开的书，文字344面，用书写纸印刷，彩插32面，用105g/m^{2}铜版纸印刷，彩封单面，纸面精装，印数5000册。（制版费：排版费单价10元/面、彩色制版费单价140元/面；印刷费：文字印刷费12元/色令、彩色印刷费30元/色令、PS版费80元/张；装订费：书芯加工费0.047元/3印张、纱卡单价4元/1000册、加成系数0.4）该书的印制费用估价是多少元？
6. 一本大16开的书，文字142面，用胶版纸印刷；彩插8面，用105g/m^{2}铜版纸印刷，彩封单面，纸面精装，印数2000册。（制版费：排版费单价10元/面、彩色制版费单价140元/面；印刷费：文字印刷费12元/色令、彩色印刷费30元/色令、PS版费

80元/张；装订费：书芯加工费0.047元/3印张、纱卡单价4元/1000册、加成系数0.4）该书的印制费用估价是多少元？

7. 试计算规格为787mm×1092mm的$105g/m^2$、$52g/m^2$的纸张每吨多少令纸？

8. 有一纸长为890mm、定量为$55g/m^2$的卷筒纸，滚筒裁切尺寸为550mm，6800元/吨，求该纸每张的价格。

9. 一本大32开的书，文字480面，用$60g/m^2$书写纸印刷；彩插32面，用$128g/m^2$铜版纸印刷，彩封单面，纸面精装，印数3000册为例，用优化估价法估算每册书的成本。

10. 一本大16开的书，内文134面，用$70g/m^2$双胶纸印刷；内文彩插48面，用$105g/m^2$铜版纸印刷，封面彩色单面印刷，采用纸面精装，印数500册。用优化估价法估算每册书的成本。

第七章 业务分歧与处理

应知要点：
1. 了解印刷市场中几种常见的欺诈行为以及相应的预防措施。
2. 掌握如何化解出版与印刷企业的纠纷。
3. 掌握如何弥补出版与印刷企业在价格之间的分歧。

应会要点：
1. 学会应对欺诈行为的预防措施。
2. 掌握合同方面及工艺方面的纠纷化解办法。
3. 掌握出现价格分歧的解决办法。

第一节 防止欺诈

【任务】正确认识欺诈行为在印刷市场中所带来的负面影响，掌握欺诈行为的预防措施。

【分析】教师从欺诈行为会给印刷企业带来哪些危害引出本节课的内容，如何预防欺诈行为是本节课的重点。

印刷企业在生产实践中常会遇到一些纠纷，有些是正常的分歧，有些则不排除是客户方的欺诈行为。因此，正确认识和解决这个问题，才能保护企业的劳动成果，得到应得的费用。

改革开放以来，我国经济活动异常活跃，尤其是转向社会主义市场经济以后，我国经济更是充满了活力，社会生产力得到高速发展。但万事都有正、反两个方面，都有主流和支流，经济生活也不例外，难免鱼龙混杂，泥沙俱下。一些不法分子会利用社会主义市场经济发展初期各项制度尚不健全的空子，借机进行欺诈活动。这是客观现实，不可抗拒，我们必须正视，并设法化解。

在印刷市场中，因买卖双方已不再是计划经济时代的"包办婚姻"关系，因此也存在着不法分子的欺诈行为。下面介绍几种常见的欺诈行为以及相应的预防措施。

一、合同主体的资质

（1）客户取走成品，欲结款时却无此单位；出版或委印单位向印刷单位支付了定金，但随后找不到该印件的联系人。有的不法分子私刻公章，伪造主体；还有的用已注销的经济主体的无效证件鱼目混珠；有的注册资金很少，却假装规模很大等。

对此，除我们常打交道和较有把握的对方单位外，均应通过工商局的相关部门进行核查。对查无此人的，应婉拒合作。对以小搏大的，应采取要求其交预付款，分段结算等办法来约束对方，保护自己。

（2）合同方代表人资质。这里说的是合同方单位的资质没有问题，着重核查来人的身份。

一是确定来人身份，辨明真伪，防止诈骗。目前，公安部门已经建立了全国居民身份数据库，供有关人员通过电话、网络等方式核验。二是确认来人与单位的关系。来人若是法定代表人，应与营业执照上的名字相符；来人如不是法人代表，则必须有法定代表人的授权委托书，并要查看委托书的授权范围和有效期限。

二、非法出版物陷阱

有人盗用外地出版社或杂志社的名义或书号，到本地印刷企业印刷和装订书刊。按规定应出具原出版单位签章的印制委托书，还要有当地新闻出版局的出境证明及本地新闻出版局的入境证明。这些人会信誓旦旦地说一切手续都没有问题，正在办理，可以一边印刷一边办理手续。但实际是他根本办不来手续，也不会去办。更有甚者，让印刷厂垫纸垫料，一旦被查出，损失全是印刷厂的。

针对这种人的办法有两条。一是手续不全不接单、不开印，二是请其自购纸料。

三、时限陷阱

书面合同上签订的时间较紧或没有注明甲方违约时乙方免责条款。客户虽口头说可以宽限，但在结算时却不承认说过的话，只出示书面合同打官司，致使印刷厂处于被动局面。

对付这种行为的办法有三条。一是时间太紧张时可以考虑不予承接，二是在合同上增加乙方的免责条款，三是因客户原因造成延误时，应对合同进行书面修改或补充，同样要履行完备的签章手续，万不可轻信对方的口头承诺。

也有的是印刷企业生产能力有限，却冒险应承本身无法按时完成的产品，结果耽误了出版或委印单位的出版周期，造成无法挽回的损失。

对付这种行为的办法就是要事先到该厂进行实地查看，核实生产能力。

四、质量陷阱

不法分子惯用的手法是挑毛病拒付或少付货款。

企业应采取的预防措施是在合同中明确规定质量标准，如按样本印刷，双方要对样本进行签字封存，必要时交由第三方保管。还应共同确定公平的仲裁机构，一旦有争议，则可以进行裁决。

五、付款陷阱

（1）有的取货时少付款或不付款，但口头承诺，说得天花乱坠。遇到这种情况，企业只能按合同办事，不要心软。如果合同定得不严密，就要在合同上下工夫。

（2）有的先表现合规，价格也优惠，但使用的是吃小亏占大便宜的招数，最后实际上使企业本身吃了大亏。这就要求企业每做一个订单都要小心谨慎，严格按规定运作，万不可心存侥幸。

（3）防止用支票付款时作假。为保险起见，应先将支票存入银行，待银行确认后，再付货。乙方最好参加账户存款查询系统，通过电话即时验核支票真伪。如用现金支付，应谨防假钞。

结合上述情况，笔者认为出版、印刷企业应发挥行业合力，及时沟通，共享信息，试行行业黑名单制，对欺诈、坑害过出版、印刷企业的单位和个人进行举报，经有关部门核实后，在全国的出版、印刷信息网站及相关媒体上公布，共同抵制黑名单上的单位和个人，使其不能再次欺诈。

第二节　化解纠纷

【任务】正确认识出版与印刷企业在日常生产经营工作中遇到的纠纷，掌握化解纠纷的办法。

【分析】教师从如何正确维护双方的利益使之达到共赢引出本节课的内容，如何化解纠纷是本节课的重点。

出版与印刷企业在日常生产经营工作中常会遇到纠纷，双方均应对此进行分析总结，找出规律，给予公平的解决，在实践中加以改进，以减少纠纷，既保护双方的合理经济利益，又能更好地加强合作。下面介绍几种常见的合同方面的纠纷。

合同是甲乙双方合作的起点和法律依据，也是出现纠纷时判案的依据。合同订得合法、严密，履行就可能顺畅，合同就可以兑现。反之则易出现纠纷，直接影响价款的交付。

一、合同方面的纠纷

1. 合同主体问题

这是防止纠纷的第一关，也是合同能否成立的根本问题，这一条不落实将会惹出很多麻烦，价款就可能落空。

（1）合同方的资质。合同一方必须具备所应具备的主体资格。应查验营业执照等证明文件，必要时，通过法定渠道进行查询，以便核实。如对方无签订合同的主体资格，当出现纠纷时，法律部门将不予处理和保护，价款的收取将得不到法律的支持。

（2）合同签字人的资格。合同签字人应出示本人身份证件并交留复印件，合同签字人若是法定代表人，与营业执照上名字相符即可，若不是法定代表人，则必须有法定代表人的授权书，并注意查看授权的有效期及授权范围。

有的代理人与对方虽然是老熟人，但在市场经济环境下，有可能频频改变工作单位，所以一定要按规定办事，才能避免纠纷。

（3）合同主体单位与结算价款单位应一致，以保证价款的顺利结算和交付。如有不同，必须在合同中注明。

2．委托印刷证明问题

（1）在合同中必须有要求甲方履行提供正规委托印刷证明的条款。在实践中，乙方应严格按国家规定查验甲方的委托印刷证明。曾有某出版社持转印证明进行印刷，后因活件在出版权方面出现争议，原出版单位诉承印厂非法印刷，承印厂拿出转印证明，但因其不是国家规定的格式证明，因此不能作准，由此给印刷厂造成被动和困难，并影响到价款的回收。

（2）必须及时收取委印证明。曾有某书商印书时，只缺一份出省入市证明，并说马上就能够补来，后来印刷厂一再催要未果。在此期间，公安部门查封了此书，给印刷厂造成了极大的损失。

3．印件工艺描述要详细

（1）文种。应标明文种，是中文还是外文、中外文混排；混排的版式是两面对照还是行内混排；有无大字头等，因为上述各种排法的工价是不同的。

（2）开本尺寸。一定要写出具体数据，因为同一开本可以设计不同的长、宽数据，而不同的数据则有可能使用大小不同的纸张，因此用纸量、印刷量、装订工作量均有不同，计算出的工价自然也会不同。

（3）页与"P"。中文"页"是指一张纸，包含两个页码；英文的"P"（Page）是指一个页码，即中文中的"面"。一定要明确页和"P"的倍数关系，否则就会在结算价款时产生纠纷。

（4）工与料。明确原材料由何方采购，何方支付货款，或在合同中注明所列金额为乙方加工费，所需材料由甲方自费另行采购后交付给乙方。在这方面企业有惨痛的教训。如某印刷厂在签订合同时未看清总金额前写的是工料费（实际只是加工费）就盖章了，事后打了很长时间官司，费了很多钱，虽经二审胜诉，但因找不到被执行对象，损失了几十万元。

4．质量问题

（1）应明确质量标准，最好注明标准中相应的质量要求数据。

（2）原材料或成品如有合同双方共同认可的样张、样品，最好共同封存或分别封存，以备有歧义时对照。

5．时限问题

合同中所有关于交货结款时间的描述必须准确无误。

6．付款与交货

付款方式有现金支付和支票支付。假如以支票结算，取货应在交支票几日之后，最好是款齐货清。

7．对双方义务的明示免责条款

应有甲方提供物的详细具体要求，如纸张的质地、产地、尺寸、定量、数量、质量要求（印刷适性）等。

还要有相关免责条款，即如果一方未按合同履行义务，另一方将延期履行合同或解除自己的义务。

8. 罚则与仲裁

（1）罚则要公平，不要因某种原因而无原则地接受对方的显失公平的条款。处罚要量化，具有可操作性。

（2）要在合同中约定仲裁机构，一旦出现纠纷，可以明确裁决。

以上介绍的是合同方面的纠纷。下面介绍一些在具体工作、生产过程中常遇到的纠纷及避免办法，以使印刷计价、收款工作顺畅进行。

二、实际生产过程中的纠纷

1. 业务洽谈方面

初次与对方接触时，要如实介绍加工工艺和生产能力并提供本厂的印刷样本。最好能交给客户书面资料，使客户了解本厂的生产能力，以免日后扯皮或耽误客户的时间，也使客户感受到企业实事求是的作风。有的业务员向客户失实或夸大介绍本厂生产能力，一旦客户发给的任务超出本厂的能力，只能转手运作，在时间和质量方面都易出现问题，引起纠纷，影响双方的经济利益。

洽谈具体业务时，出版或委印单位对印件的描述应当书面化。面谈时，要当面写明或在记录上签字认可，远距离洽谈时，应当发传真。当文字语言说不清时，出版或委印单位要提供实物，双方认可后共同在实物上签字或封存备查。

在生产过程中，出版或委印单位若要对合同进行修改，亦应书面通知。

总之，双方所有交接界面的往来信息均应以书面文字为凭。

在实践中，由于口头叙述或收听不清，易造成错误和损失，追究原因和责任又不能落实，即使对簿公堂都查无实据，结果使得双方都不愉快，经济上也造成损失。

2. 印前方面

（1）出版或委印单位对制版的要求要书面写清，不要口头交代，以免误解造成纠纷甚至损失。

经验丰富的印刷厂业务人员能够从印刷、装订工艺和纸张、材料的利用率等诸方面的模拟运行中事先对出版或委印单位的设计提出意见和建议。如装订同一开本尺寸，采用锁线装订时纸张够用，而采用胶订方式时纸张就可能不够用。同是大16开，具体尺寸稍大一些就可能降低纸张利用率或只能适用特型纸张，而特型纸张往往货源紧张，不易采购。印刷厂业务人员若能在制版之前就为出版或委印单位提供建设性意见，不但可以避免可能出现的纠纷，还能够赢得出版或委印单位的赞许，有利于价款的回收和今后的合作。

出版或委印单位对设计出初稿后的打样、正式制版或重新制版后的传统打样及数码打样均应审批，无论有无修改，都应在样张上签字，作为工厂生产和将来遇有纠纷时裁决的依据。

在生产实践中，曾有双方对印件色相与样张的一致性存在分歧的事例，但是，因印刷厂找不到批样只得重新印刷，既费时又费料。

（2）重要的或复杂的印件要先制样品，经出版或委印单位认可后，再批量生产。

如某印刷厂照排中心承接一期刊的出片任务，结果期刊印刷出来后，客户说字小了。经查是因照排人员按本厂惯例94%字面设置的指令，而客户以前都是按98%字面发的指令，照排中心也没有请客户看样片或样张。这里有两点教训可以吸取，一是最好事先问清规矩或索要样张，二是请客户看样并签字。

（3）按国家有关规定，用电子文件出片，核片或校对蓝图工作应由出版或委印单位负责。如果厂方承诺代校，则应尽责并承担经济责任。有的印刷用电子文件发片时，最后印出的文字却是中间校次时的状况，错字不少，版式也不对，对此只有认真核片，才能发现错误，避免出版或委印单位向印刷企业索赔。

（4）印刷厂业务人员在接受出版或委印单位提供的电子文件时，一定要询问有无造字，如有，要把出版或委印单位的造字字库拷贝为电子文件，出片时一并使用。不少印刷厂都遇到过造字部分变为乱码的情况，造成了经济上的损失。

（5）原稿是出版或委印单位的无形财产，有些如名人手迹等更是不可再生的无价之宝，因此，厂方与出版或委印单位交接时，必须履行签字手续。出版或委印单位对重要的原稿可自己携带到加工现场，待工人使用后当场收回。出版或委印单位的电子文件、胶片、校样、批样等也要办理签收手续。为防止遗失，出版或委印单位样件在厂内各环节运转时都要签字，对重要原稿还要制定保护措施，以防止污损毁坏。

在生产实践中，曾发生过如阳图退回只写送出版或委印单位，或委印单位取走但没有签字的事故，结果查找阳图下落时，出版或委印单位不承认取走，只好由厂方赔付。

3．印刷方面

（1）付印样。

①出版或委印单位一定要在付印样上签字，以证明是印刷的唯一依据。

②付印样上若有改动之处，如无声明，按惯例即表示在阳图上已改正完毕。

③若是照版（无样）印刷，出版或委印单位必须有书面申明，表示无付印样，照阳图印刷。

④若是书版活件，出版或委印单位对全书有页码的部分要标注天头（地脚）和订口（切口）尺寸，对没有页码的部分也要标出上下和左右两个方向的尺寸，以便出版社保持本版书格式的一致性。如出版社不强调格式，则必须在委印单上写明由印刷厂负责设计确定。印刷厂在一般情况下可以做主，但遇到特殊版式，如无页码部分齐一边时就要及时与出版社沟通。

（2）阳图胶片。

①色数齐全，每个颜色对应一张阳图胶片。业务员取回阳图胶片交工艺审查时，曾发现过缺少某个颜色的阳图胶片或某色曾经修改过但废片没有剔除等情况。

在色数齐全的基础上，点验页码数，保证数量准确。

②阳图胶片要有规矩线。当多色套印时，如版面有改动，改动的部分应重出一整套阳图胶片。因为每次出片时的各项条件不可能与上次完全相同。有可能造成套印不准，这一点要使委印单位和印前单位也明白，以便在行业间达成共识。

角线、十字线、中线等各种规矩线要齐全，如果有不全的现象，要及时告知出版或委印单位，明确落实责任，并在晒版前补齐。

③密度一致性。这一点只能通过密度计检测或晒版后才能知道。印刷厂业务员在接

受阳图胶片时要及时申明：现在我们无法检测，待检测后如有问题再联系。印刷厂一定要这样做，若不联系就印刷，印出的成品深浅不一致，即使是阳图胶片密度有问题，也不要知情不报，否则负有没有及时联系的责任。

（3）外厂装订时的折手要求。有时出版或委印单位客户带阳图来厂印刷而另行安排装订，此时一定要问装订需要什么折手，即折页方式和采用何种折页机完成。因为手折与机折要求都不一样，如果没有这种意识，只按本厂惯例作业，则很可能出问题。

（4）多厂配套共印时的规矩。印刷厂在拼版时，有的以天头为规矩（又称头对头拼版），有的是以地脚为规矩（也称脚对脚拼版）。在没有统一之前，出版或委印单位当遇有多厂共印的书时，务必要以书面形式要求多个印厂按一种规矩拼版，否则既费工费力，又影响质量。

4. 装订方面

（1）书页应质量合格，无白版、脏页、破页等。规矩有不一致的，要单独码放，标注清楚。书页应整齐码放。

（2）必须有书面的装订作业单，必要时要提供样张。

装订作业单上必须写清整本书的装订前后顺序，不能口头交代，更不能让装订厂自己做主或是猜着干。有些环衬的图案具有方向性，出版或委印单位一定要标注清楚，有些插图没有页码（暗码），也一定要请委印单位写明顺序。

（3）委印单位要注明精装书书背形状是圆的还是方的。封面上如需烫印，则一定要有加工的尺寸样，不能只凭口头交代。

特种纸目前使用较多，如果正反面不一样时，出版或委印单位要标明加工面。出版或委印单位用特种纸做精装封面时，建议最好覆膜，以免在加工过程中折裂或磨破，这也是避免纠纷的好办法。

如用书边带和丝带，出版或委印单位应写明颜色或图案。

（4）对于覆膜的印刷品，如果是在其他印刷厂印刷的，对于起气泡、皱褶等问题要客观地进行分析。一般来说,如果没有黏合上的部分的药膜面上未黏附油墨,应视为覆膜不合格;如果其药膜面黏附油墨,则可判定为印刷质量问题,有可能是纸张印刷适性的问题。若纸张由出版或委印单位提供，则应通过出版或委印单位向纸张供应商交涉处理。

（5）造成烫印质量问题的因素很多，也要具体分析。如面涂料配比不适合烫印、烫料型号不匹配等。

第三节　弥合分歧

【任务】正确认识弥补分歧是提高企业信誉的重要保证，同时也是减少损失的关键。

【分析】教师从弥补分歧的重要意义引出本节课的内容，如何减少分歧是本节课的重点。

一、计价项目方面的歧义

（1）优质优价方面的歧义。有的劣质劣价，但优质不优价，这就有失公平了。其实，工价表中对打入国际市场、出口换汇的印刷产品或高档优质品（含对国外宣传品）规定可以实行优质优价，出版或委印单位与印刷企业双方均应按照执行，奖优罚劣，以促进生产力的发展。

（2）运费方面的歧义。工价表也规定得很清楚，成品完成后，由工厂负责送往委印单位指定的不超过3处的市内（不包括远郊区县）地点。需送其他地点者，由委印单位自理。笔者建议，如要求印刷厂运送，由委印单位付运费。

（3）费工费料方面的歧义。有些无形损失往往不易计算。工价表中指出，遇有未注明的费工费料或省工省料的产品，按实际耗用的工料计价；因委印单位原因造成工料损失者，应当按实际损失额赔偿给印刷厂。

按工价表的规定，印刷前的拼版应当算一个计价项目。因为单页的胶片必须拼成大版后才能进行后续的加工，且印刷企业均配置了拼版设备、场地和人员，所以这个工序能够计量出劳动付出，应当取得价格回报。至于出版或委印单位因某产品印数较大而与印刷厂协商少付或不付拼版费用，就是另一个问题了。

同样，装订零件计价项目中的勒口项目也应当计算，尤其是现在不少印刷厂和装订厂都购置了勒口机，这个工序也有可以计量的劳动付出，应当取得价格回报。

二、零印张计价方面的歧义

这方面的歧义集中影响晒版和印刷项目的计价。这里需要明确两个概念，即出版印张和装版印张。

出版印张就是我们在书的版权页上标注的印张数，如 1.25、1.375、1.5、1.75、1.875 等。凡是小于 1 的部分统称为零印张。

装（上）版印张是指刷机装了几次版。装版零印张数只能大于出版零印张数，如 0.5、0.125、0.25 等零印张分别是一个装版印张，而 0.375、0.625、0.75 等零印张须各分为 0.125 + 0.25、0.125 + 0.5、0.25 + 0.5 两次装版，故分别是两个装版印张。而 0.875 须分为 0.125 + 0.25 + 0.5 三次装版，故是三个装版印张。

这两个概念的区别与计算印刷工价中的晒版数量和印刷次（台）数直接相关，尤其是对起印数及以下的印刷产品的计价更为重要。出版或委印单位在计价时，有的只把零印张入整，这与工价表的规定不符，也不符合生产的实际状况。

假设一本书的出版零印张为 0.875，印数 10000，单色两面平印。计价时，就要把 0.875 分为 0.5、0.25 和 0.125 三个装版印张分别计价。设每对开千印印刷费为 10 元，每对开每色晒版费为 70 元，起印数为 3000，则：

晒版费 = 70 元 × 2（色）× 3（装版印张）= 420 元。

0.5 印张的印刷费 = 10 元 × 10000/1000 × 0.5（印张）× 2（色）= 100 元。

0.25 和 0.125 印张两次装版印刷，其实际印数均低于 3000，即按 3000 计价，印刷费 = 10 元 × 3000/1000 × 2（色）× 2（装版次数）= 120 元。

因此，该产品零印张的印刷价格 = 420 + 100 + 120 = 640（元）。

如果把上例中的零印张入整计算，则价格就会有较大出入。将0.875印张入整为1，则：

晒版费 = 70 元 × 2（色）× 1 = 140 元。

印刷费：10 元 × 10000/1000 × 1（印张）× 2（色）= 200 元。

因此，该产品零印张的价格：140 元 + 200 元 = 340 元，与标准计算相差了 640 元 - 340 元 = 300 元。

如果该书的印数高于起印数为 30000，而其余的条件不变，

则印刷价格为：

晒版费 = 70 元 × 2（色）× 3（装版印张）= 420 元

0.5 印张的印刷费 = 10 元 × 30000/1000 × 0.5（印张）× 2（色）= 300 元

0.25 印张的印刷费 = 10 元 × 30000/1000 × 0.25（印张）× 2（色）= 150 元

0.125 印张的印刷费 = 10 元 × 30000/1000 × 0.125（印张）× 2（色）= 75 元

因此，该产品零印张的价格 = 420 + 300 + 150 + 75 = 945（元）

同样，如果把零印张入整计算，则价格也会有出入。将 0.875 入整为 1，则，

晒版费 = 70 元 × 2（色）× 1 = 140 元

印刷费 = 10 元 × 30000/1000 × 1（印张）× 2（色）= 600 元

因此，该产品零印张的价格 = 140 元 + 600 元 = 740 元，与标准计算相差 945 元 - 740 元 = 205 元。

综上所述，出版、印刷双方应按工价规定和生产的实际进行计价，尽量精确地体现按劳取酬的分配原则。

三、加成方面的歧义

（1）加成（加价率）位置方面的歧义。这实际是加成所包括项目方面的歧义，多发生在印刷，尤其是装订方面。

例如，对于印刷计价项目中的大度加成究竟适用于哪些项目，出版或委印单位与印刷企业往往各执一词。有的出版或委印单位不给晒版大度加成，实际上大度产品图文的面积一般均大于正度产品，在晒版工序的显影、定影、冲洗等环节中所使用的药液、时间均多于正度产品，所以应当给予晒版项目以大度加成。同样，套白油项目因为大度使用的白油肯定多于正度，也应当给予大度加成。而在实际印刷过程中，跑空的滚筒上不进行任何作业，所以跑空项目就不应当给予大度加成。

在装订加成方面，歧义就更多了。

①短版加成方面。根据生产实际，因为做短版产品比做长版产品的产量低，所以要给予补偿。

短版加成的范围不但适用于书刊装订和彩插，也同样适用于书刊装订零件，因为零件也是全书的有机组成部分。

②高档纸张加成方面。凡是和纸张有关的作业项目，均应包括在内。

③大度加成方面。不但适用于书刊装订和彩插，也同样适用于书刊装订零件，因为零件也是全书的有机组成部分。

④覆膜的封面在做精装封面时更应加价，因为要使用特殊的胶才能黏合，尤其是边

角部分。

(2) 纸张、材料加价方面的歧义。按工价表的规定，纸张、材料一般由出版或委印单位采购，这部分费用除了纸张、材料本身的价格外，还要有运费、装卸费、仓储费和采购人员工资等。所以，当出版或委印单位委托印刷企业采购纸张、材料，也应当按上述费用结构支付。至于计算方法和数据，工价表中的有关规定可供参考和作为协商的依据，即凡需由工厂代购的纸张和材料，一律按工厂进价加15%收款。这部分费用还应预先支付，这在工价表中也有规定：委印单位要求包工包料，按印张定价者，双方协商定价。要签订合同，并预收部分费用。有的出版或委印单位既要求印刷企业购纸，又不给纸价以外的费用，还往往不能预付款，就有违工价表的规定了。

四、卷筒纸出纸率方面的歧义

(1) 纸厂产品超重。即在规定的面积值时，实际重量超过理论值，致使印刷厂实际可用的纸张面积不足。而出版或委印单位却按理论值的价格计算并支付材料费，这就产生了纠纷。解决这一纠纷的途径是由出版或委印单位、印刷厂与纸厂三方到使用现场验证，验证的方法有两种。

第一种方法是取印好的对开书页1000份，使用较精密的称重工具进行测量，将测量结果与标称值进行比较，得出超重比例。三方依据测量结果进行协商，或由纸厂将纸张差额补给印刷厂，或由出版或委印单位减付材料费。

第二种方法是当场对即将上机印刷的卷筒纸进行称重，并按实际重量计算出应当印刷出的书页数量。然后立即用这个卷筒纸进行印刷，当场点验所印出书页的数量，并与理论值进行比较，计算出书页减少的比例。以后的程序即可按第一种方法进行。例如，使用$60g/m^2$的850mm宽度的卷筒纸进行印刷，按纸张行业的标准和印刷机的裁切幅面计算，每吨纸张可以印刷出书页数量的理论值应是28.5令。如果现场测量重量为1000千克的卷筒纸的实际印出书页为28令，则该种纸张超重的比例大约就是（28.5－28）/28＝1.8%。假设这批纸的使用是100吨，则纸厂就应当再给印刷厂1.8吨纸，这样印刷厂才能按出版或委印单位规定的数量完成印刷任务。如果是印刷厂把纸张差额补齐，则应当少付给纸厂1.8吨纸张的货款。

(2) 卷筒纸短版产品。不能按比例加放，例如印刷3000册，按原设计比例9折计算，给加放数30张。而每换一次版，纸张的损失就近10米，合20张左右，显然不够使用。所以在工作实践中，创造出一种解决方法，即每上一次版另给上版加放纸张5千克。这5千克是专指$52g/m^2$的787mm宽度的纸张，如果使用其他克重或宽度的纸张，还要进行换算，换算公式为：5千克×40/所用纸张的出纸率。例如，使用787mm宽度的$60g/m^2$纸张，其上版加放为5千克×40/35＝5.7千克，若使用$52g/m^2$的850mm宽度的纸张，则其上版加放为5千克×40/33＝6.1千克。

一般书版轮转机常用纸张多为$52g/m^2$、$55g/m^2$、$60g/m^2$的凸版/书写纸，如果使用字典纸等轮转机不常用的纸张或胶版纸等吸墨性能差的纸张，则出纸率应适当降低。

五、纸张加放方面的歧义

(1) 特殊印刷内容的产品。例如印刷实地、平网或使用专色、金、银油墨，防伪等特种油墨等，其纸张加放数都要适当增加。

（2）特殊承印材料产品。例如金、银卡纸，宣纸，特种纸等，因为适印性较差，也要适当加大纸张加放率。

（3）装订起装的绝对加放数。在生产工作实践中，为了防止装订出现尾数，尤其是短版产品，必须给出一个基本的绝对数字作为起装的加放量。一般起装的加放数最少定为30册，如果按加放比例计算超过了30册，则应当按计算结果执行。

（4）覆膜等表面整饰加工工作的加放。随着技术的进步，设备和材料的不断更新，新的加工方式和工艺也不断涌现。在生产实践中，每一种加工工作都会有一定比例的作废率，因此，必须预先给出一定的加放数，而且是每一加工工序都有一种加放数。例如对同一加工对象进行3种加工，就要给出3次加放数，在计算总加放数时要把3次加放数累加。

委印单位与印刷厂双方应对上述原则达成共识，至于具体比例或数据，双方应依据实际作废数据规定进行试运行，根据试运行情况予以修改。

习　题

1. 承接印刷活件时为什么要签合同？
2. 何谓非法出版物陷阱，如何预防？
3. 何谓时限陷阱，如何预防？
4. 何谓质量陷阱，如何预防？
5. 何谓付款陷阱，如何预防？
6. 印制合同方面易出现哪些纠纷？
7. 实际生产中都包括哪些纠纷？
8. 如何减少业务洽谈方面的纠纷？
9. 如何减少印前方面的纠纷？
10. 如何减少印刷方面的纠纷？
11. 如何减少装订方面的纠纷？
12. 计价项目包括哪几方面的歧义？
13. 在装订加成方面包括哪些歧义？
14. 纸张加放方面包括哪些歧义？

参考文献

［1］王国庆. 印刷成本计算. 北京：中国劳动社会保障出版社.
［2］张立民. 印刷计价实务手册. 北京：印刷工业出版社，2006.
［3］东北地区书刊印刷工价标准.